차와 명상

①

오색차 명상

차와 명상

①

오색차 명상

원 허

연꽃호수

참맛
달빛 같이
알 마치리면
가게
모든속박
미래
벗어나
이순간
늘 깨어 있으리
산벚이 가은
지운쓴

수행자의 마음가짐

수행 시작하기 전
앞서 쌓은 공덕과 오늘 쌓을 공덕이
나와 이웃에
기쁨과 평안을 얻는 데 도움이 되기를 바라며,
모든 사람의 번뇌가 사라지기를 기원합니다.

수행 끝날 때
오늘 수행을 통해 얻은 공덕이
나와 이웃에
기쁨과 평안한 마음으로 회향되기를 바라며,
번뇌가 사라진 마음의 힘이
나와 이웃에게 퍼지기를 발원합니다.

일상 생활에서
수행과정에서
번뇌가 사라진
기쁨과 평안한 마음이
일상에서 다른 어떤 마음보다
먼저 떠오르도록 수행합니다.

지금 이 순간 깨어 있기

우리의 삶이란 만남과 헤어짐의 연속입니다. 이 속에서 즐거움과 고통이 있고 탐욕과 성냄이 있으며 사랑과 미움이 있습니다. 여기서 우리는 고통과 미움이 왜 생기고 즐거움과 기쁨이 왜 일어나는지 알 필요가 있습니다.

그 이유를 알려면 만남과 헤어짐의 진정한 의미를 꿰뚫어 보아야 합니다. 그렇게 하면 우리의 만남과 헤어짐은 곧 인연관계의 흐름이며 삶의 모든 현상임을 알게 됩니다. 삶과 죽음을 비롯하여 '내'가 어디서 왔다가 어디로 가는지, '나'와 '남'의 관계란 무엇인지, 삶 자체의 본질은 또한 무엇인가를 알게 되며, 나아가 모든 존재의 비밀을 알게 되고 모든 속박과 괴로움에서 벗어날 수 있습니다.

이렇게 인연의 관계를 꿰뚫어 아는 방법이 바로 명상이며 수

행입니다. 하지만 수행이 어렵게 느껴진다면 한 잔의 차 마심을 통해 접근해 갈 수 있습니다. 이것이 차 명상이며 또한 자비다선 慈悲茶禪입니다.

일상생활 속에서 인연 흐름의 알아차림이 지속되면 생활 속에서 일어나는 모든 현상을 놓치지 않게 됩니다. 무의식적인 말과 행동이 줄어들고 항상 깨어 있는 상태를 유지할 수 있습니다. 이렇게 아는 것이 바로 명상이며 수행입니다.

차의 색향미를 아는 것은 차에만 국한된 게 아닙니다. 예를 들면 사소한 일로 언쟁을 하는 경우가 있는데, 감정을 억제하지 못하고 상대방을 자극하는 경우에는 큰 언쟁으로 비화하곤 합니다. 이런 경우, 자신이 화를 내고 분노하고 있음을 알아차리면 감정을 길들일 수 있고 자신을 조율할 수 있습니다.

그 동안 『찻잔 속에 달이 뜨네』라는 책을 3년 정도 차명상 교재로 사용해 왔으나 부족한 면이 있어서 더 깊이 있고 정확한 내용으로 3권으로 나누어 증보하기로 했습니다.

그 첫째 권에 해당하는 『차와 명상 – 오색차 명상』은 행다선 4가지 명상과 오색차선의 5가지 명상법을 담았습니다.

행다선은 움직이는 차례 속에서 현재 이 순간으로 깨어나 지혜를 체득하여 형상[대상]의 속박으로부터 벗어나는 명상법입니다.

오색차 명상은 공성과 빛인 마음의 본성을 차의 다섯 색채를 방편으로 하여 깨치는 데에 있으며, 보이고 들리는 모든 것이 마음의 현상임을 깨닫는 데에 있습니다. 물론 몸과 심리치유에 용이한 점도 빼놓을 수 없습니다.

이 자비다선 명상은 유행을 따르거나 뿌리 없는 명상법이 아

닙니다. 계정혜 삼학을 갖춘 명상법이며 수행에 따라 체험의 단계와 깨달음이 있는 명상법입니다.

자비다선 차명상은 첫째, 몸의 치유와 심리 치유 단계가 있고 둘째, 치유 단계에서 나아가 완전한 자유를 얻는 단계가 있으며 셋째, 자유를 얻는 단계에서 더 나아가 지각 있는 존재인 유정有情의 괴로움을 해결해 주고자 하는 열망과 그러기 위해서 위없는 깨달음을 얻고자 하는 염원인 보리심을 일으키는 단계에 이르게 하는 명상법입니다.

모든 분들이 한 잔의 차로 행복하시길 바랍니다.

2014년 4월 초봄 照堂에서

원허 지운

깨달음에 대한 변辯

    진리가 우리를 자유롭게 한다고 하더라도 진리를 아는 방법을 모른다면 여전히 속박에서 벗어나지 못합니다. 우리를 속박하는 것이 무엇인지 알아야 합니다. 속박이란 이것과 저것으로 나누고[分] 차별[別]하는 것입니다. 진리란 무엇일까요? 모든 속박에서 해방되는 것입니다. 우리를 구속하는 것을 제거하면 진리를 구태여 알려고 애를 쓰지 않아도 됩니다.

    깨달음이란 새삼스런 것이 아닙니다. 깨치고 보면 깨달을 것이 없습니다. 닦아 보면 닦을 것이 없습니다. 왜냐고 묻는다면 깨달음이란 만들어진 것이 아니기 때문입니다. 깨치든 못깨치든 깨달음은 변함이 없습니다. 오히려 깨치려고 함이 병입니다. 깨치려는 방편을 쓴다면 깨칠 수 없습니다. 그렇다고 명상하지 않으면 무지無知 그대로이니 삶과 죽음의 괴로움에서 벗어나는 깨달음은 오지 않습니다.

  그렇다면 어찌해야 할까요? 마음은 고苦를 만나면 고를 없애려는 작용으로 바뀝니다. 괴로움에 반응하여 의식이 깨어나는 것입니다. 본래 깨어 있음이 진리이기 때문입니다. 괴로움은 어둠이며 깨어 있음이 아닙니다. 비유하자면, 대낮에 눈을 가리고 있으면 눈을 뜨고 싶은 마음이 일어나는 것과 같습니다. 왜냐하면 불편하기 때문입니다.

  하지만 눈을 감고 어둡다고 소리친다고 어둠이 사라지지 않습니다. 눈을 뜨기만 하면 곧 어둠이 사라지면서 불편한 괴로움이 사라짐을 압니다. 마치 잠자다 깨어나듯이 환한 것입니다. 마찬가지로 괴롭다고 소리친들 괴로움이 사라지지 않습니다. 괴로움이 본래 존재하지 않음을 아는 것이 무엇보다 중요하며 눈을 뜨려는 노력이 절로 일어나는 이치를 알아야 합니다.

  비유하자면, 향 연기가 허공에 피어오르면 허공은 아무 작용도 없는데도 불구하고 향 연기가 저절로 사라지듯이 이 허공의 작용 아닌 작용이 바로 명상이며 수행입니다. 이를 『대승기신론』에서는 법력훈습法力熏習이라 부릅니다. 그리고 『원각경』의

「문수보살장」에서는 이것을 인지법행因地法行이라고 합니다. '본래 깨어 있음'의 진리는 괴로움이 생기면 이 괴로움을 파기시키기 때문이고, '본래 깨어 있음' 그 자체에서 '깨어 있지 못함'을 없애는 작용이 수행이기 때문입니다. 즉, 수행이 곧 깨달음으로 가는 과정, 그것의 표현입니다.

인지因地의 '인'이란 원인이란 뜻이며 '지'란 땅을 비유한 것입니다. 땅에 씨앗을 심으면 싹이 트고 줄기와 잎이 자라고 꽃이 피고 열매를 맺습니다. 마찬가지로 마음 땅에 깨달음의 씨앗을 심으면 깨달음의 싹이 트고 깨달음의 줄기와 잎 그리고 깨달음의 꽃이 피고 부처란 열매를 맺습니다. 이때 마음 땅이란 깨달음 자체이며 진리입니다. 따라서 수행을 시작하는 첫 마음이 '인지'입니다. 그 인지가 바로 '원각圓覺'이며 번뇌를 없애주는 것이기에 '법행'이라 부르는 것입니다.

그래서 이런 수행 방편은 언제나 유효합니다. 수행 그대로 진리의 현현이기 때문입니다. 이러한 사실을 모르고 깨치려고 수

행하면 깨칠 수 없고 또한 이러한 사실을 알고도 수행하지 않으면 무명無明에서 벗어나지 못하여 삶과 죽음의 괴로움에 빠집니다. 이러한 사실을 알고 수행하면 생사의 윤회에서 벗어난 대자유인이 됩니다. 모든 것은 연기이기 때문입니다.

대낮에 눈을 감고
어둠을 없애려고
소리치는 것은 무명無明입니다.

눈을 뜨면
어둠이 본래 존재하지 않음을 압니다.

2009년 5월 자비선 명상센터 보리마을

지　운

차는 혼자 마시기보다는 함께 마시는 경우가 많습니다. 이때 자비다선을 하여 고요함과 지혜가 생기면 그것이 밖으로 표출되는데 바로 자비의 모습입니다. 그때 나타나는 한없는 부드러운 기운을 상대방이 느끼고 알게 됩니다. 이렇게 상대방에게 전해지는 자비의 기운은 함께 하는 사람들을 고통으로부터 해방할 수 있으므로 자비다선이라고 합니다.

— 본문 44쪽 '다선의 세 가지 바탕' 중에서

찻잔 잡으러 가고, 찻잔 잡고, 마시는 일체 모든 행다를 알아차림 합니다. 구체적으로 움직임과 접촉에 따른 느낌을 알아차립니다. 찻잔을 잡기 위해 손을 뻗칠 때 공기와 접촉에서 일어나는 시원한 감각을 즉각 아는 것입니다. 이렇게 행다를 해 가면 접촉하는 대상으로부터 내 마음을 챙기게 되고 깨어나는 의식은 대상과 일치를 이루고 일체감이 생깁니다.

— 본문 95쪽 '알아차림 명상실습' 중에서

7개 차크라와 5색의 심리

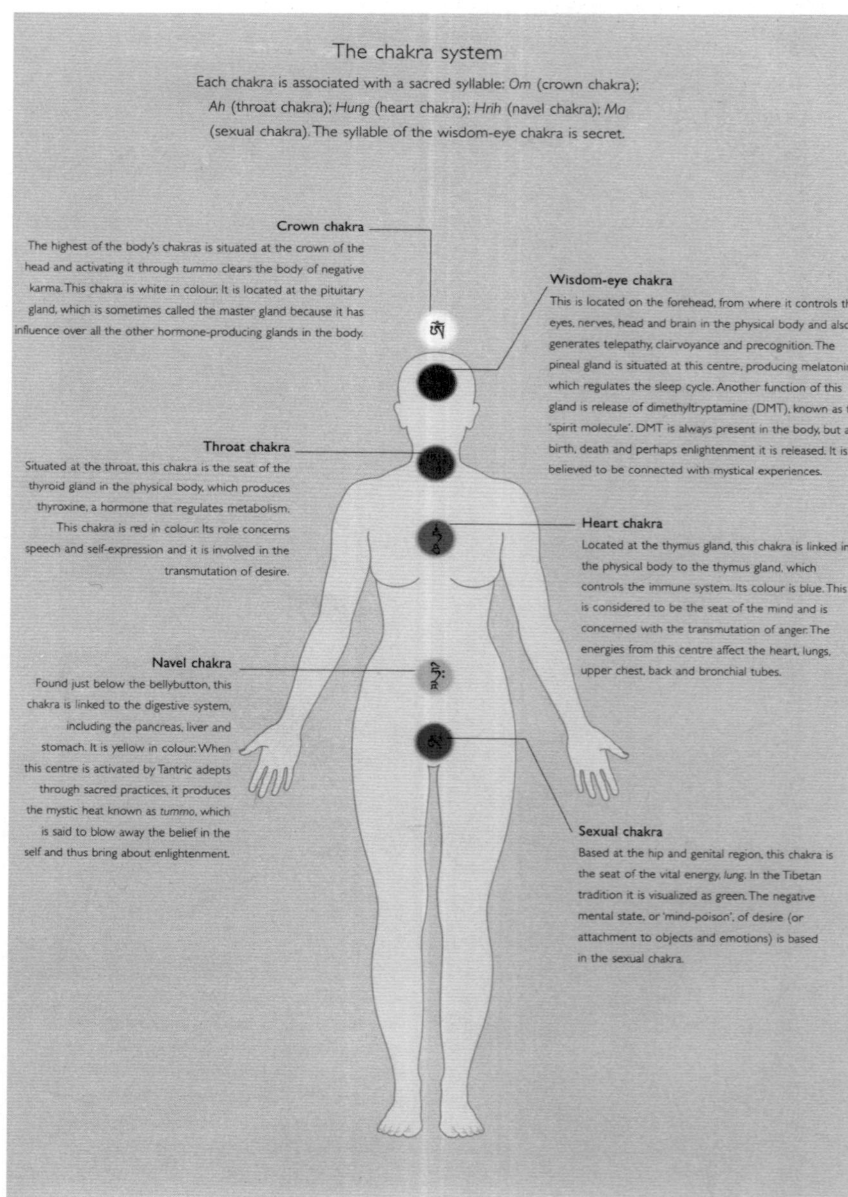

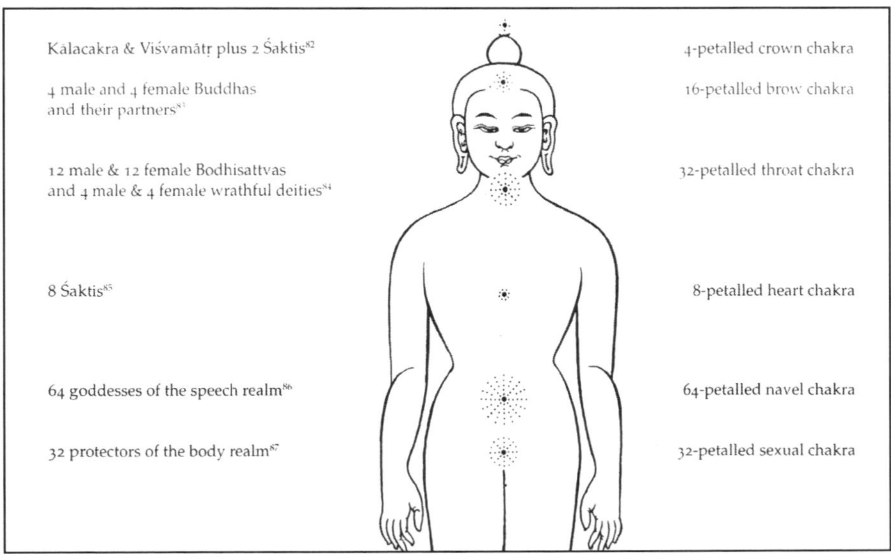

몸 안의 에너지 통로와 그 구조는 몸의 일곱 곳에 중요 차크라와 5색을 배치하고 있습니다. 인체의 중요한 7개의 차크라는 5가지 색의 심리가 일어나는 장소이며 스크린 역할도 합니다.

'오색차 명상'과 함께 살펴보면 다음과 같습니다.

정수리 ― 허공의 요소이며 무색 또는 파랑색인데 물의 요소로 바뀔 때는 흰색이다.
미간 ― 바람의 요소이며 검정색이다.
목 ― 불의 요소이며 붉은색이다.
가슴 ― 물의 요소일 때는 흰색이며 허공의 요소로 바뀔 때는 파랑색이다.
배꼽 ― 흙의 요소로 노랑색이다.
배(단전) ― 바람의 요소로 녹색이다.
회음부 ― 흙 · 물 · 불의 요소로 노랑색, 흰색, 붉은색 또는 검정색이다.

― 본문 168쪽 '차크라와 5요소의 이중 구조' 중에서

제5장 오색차 명상

차명상을 왜 해야 하는가

제1장

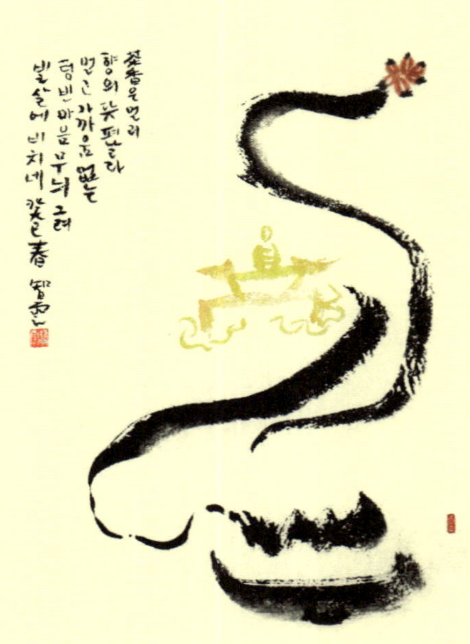
꽃향은 멀리
향의 꽃 핀다
믿고 가까움 뿐은
탕비 마음 무늬 그려
밤술에 비치네 꽃든春 智愚

다선이란 무엇인가

불교 수행법은 크게 사마타와 위빠사나 두 가지 방법으로 나누어 볼 수 있습니다.

사마타는 지止로 번역하는데 한 가지 대상[무상無相이라는 본질]에 마음을 집중하여 생각의 흐름을 그쳐 마음이 고요해지는 것이고, 위빠사나는 관觀으로 번역하는데 몸과 마음에서 일어나는 모든 대상을 원인과 조건[인연]으로 꿰뚫어 보고 지혜를 얻는 것입니다. 비유를 들자면, 활을 쏠 때 사마타관觀은 그 표적이 움직이지 않는 고정된 것이고, 위빠사나관은 움직이는 표적을 정확히 관찰하여 맞추는 것과 같습니다.

지금 여기에서 이야기하려는 차 명상 또한 이 범주를 크게 벗어나지 않습니다. 단지 차를 마시는 일상적 행위에 명상을 응용해 본 것입니다. 그렇다면 '다선茶禪의 선이 사마타 · 위빠사나[止觀]와 어떻게 연관이 되는가?'라고 반문할 수 있습니다. 선은 지관[1]에서 벗어나지 않습니다. 도리어 지와 관을 함께 닦는 것[止觀雙修]을 선이라고 합니다.

　우리에게는 예로부터 내려오는 차에 관한 전통 가운데 선의 경지에 이르는 다선이 있습니다. 선은 어떤 지역적이거나 문화의 한 흐름으로만 인식될 것이 아닙니다. 고정된 틀을 무너트리는 그 무엇입니다. 왜냐하면 삶의 궁극을 깨닫게 하기 때문입니다.
　물론 차 마시는 것과 수행이 무슨 관계가 있느냐고 반문할 수도 있습니다. 그러나 차 마시는 것을 수행으로 삼는 것[茶修行法]은 차를 매개로 하여 사람과 사람과의 만남이 이루어지고 차 맛과 혀의 만남, 향기와 코와의 만남, 색色과 눈과의 만남이 있기 때문에 인연관계의 흐름을 아주 쉽고 가깝게 알아차릴 수 있습니다.
　만남의 뜻을 알 수 있다면 만남을 통하여 일어나고 사라지는 마음의 흐름을, 그리고 만남은 반드시 헤어짐이 있으므로 헤어짐을 통해 일어나고 사라지는 마음의 흐름을 알게 됩니다. 이는 곧 모든 인간관계의 이치를 깨닫는 방법입니다. 과거나 미래의

1　『대승기신론大乘起信論』에서는 사마타[止]는 일체 모든 현상을 대상으로 하되 그 본질이 무상無相하다는 한 가지 사실을 잊지 않고 지켜가는 정념正念을 말하고, 위빠사나[觀]는 몸과 생각의 변화[因緣—無常]를 잘 분별하는 것이라고 정의하고 있습니다(大乘起信論 卷六, "云何修行止觀門. 所言止者, 謂止一切境界相, 隨順奢摩他觀義故. 所言觀者, 謂分別因緣生滅相, 隨順毗鉢舍那觀義故. 云何隨順. 以此二義漸漸修習, 不相捨離, 雙現前故").

허상에 매이는 삶에서 현재의 삶으로 깨어나는 것입니다. 궁극에는 죽음의 이치도 깨닫게 됩니다.

이와 같이 차를 마실 때에도 차의 빛깔이나 향기 또는 차 맛을 알아차린다는 것은 차 마심 뿐만 아니라 일상생활과 자연스럽게 연결되면서 삶이 온전히 깨어 있게 됩니다. 이것이 생활 속에서 이루어지는 수행입니다. 차 명상을 하는 의의가 여기에 있습니다.

한 잔의 차를 마실 때도 선禪의 향취를 느낄 수 있다면 그 차 향과 차 맛에서 삶의 진실한 의미를 되찾을 수 있습니다. 차 마심이 하나의 생명살림이 될 수 있다면 이때의 차는 선과 한 맛이 아닐 수 없습니다.

다선의 선禪이란 무엇인가

차를 통해서 말과 생각을 떠나는 것이 다선입니다. 선禪이란 마음의 고요함으로 인해 몸[身]과 입[口] 그리고 뜻[意]이 고요한 것이 선입니다. 이때의 마음은 단순히 육체와 상대되는 마음을 얘기하는 것이 아니며 눈에 보이는 현상계와 상대되는 마음을 얘기하는 것이 아닙니다. 이 몸도 마음의 현상이요, 삼라만상 우주 그대로가 마음 자체 성품입니다. 이것이 선의 마음이며 그 마음은 고요합니다. 선을 하려면 선의 마음을 먼저 이해해야 합니다.

마음이 어떤 작용을 하는지 다음 이야기를 통해 알아보겠습니다.

초등학교 4학년 아이와 점심을 한 적이 있습니다. 마침 그 집에는 한 쌍의 앵무새가 있었는데 식사 도중 아이가 말했습니다.

"스님, 저기 앵무새가 있어요."

"그래? 그런데 저 앵무새가 너더러 언제 앵무새라고 불러 달라고 한 적이 있었니?"

"없어요."

"그럼 누가 앵무새라고 했지?"

"제가 했는데요."

제가 손으로 아이의 입을 가리키면서 말했습니다.

"앵무새는 여기 있구나."

그러자 아이는 표정이 이상해지며 혼자말을 합니다.

"선생님 말씀과 다르네…."

"그럼 다시 해볼까? 앵무새가 어디 있니?"

"스님, 저기 앵무새가 있어요."

"그래? 저 앵무새가 너더러 언제 앵무새라고 불러 달라고 한 적이 있었니?"

"없어요."

"그럼 누가 앵무새라고 했지?"

"… 제가 했는데요."

손으로 아이의 입을 가리키면서 말했습니다.

"봐라, 앵무새는 여기 있구나."

그러자 아이는 얼굴을 찡그렸고 자장면이 불어터졌습니다.

손을 들어 새끼손가락을 힘껏 잡아 젖히면 아픕니다. 아픈 것은 손가락이라고 생각하지만, 사실은 마음이 아픈 것입니다. 왜냐하면 아픈 것은 감각이고 감각은 여덟 개의 마음[2] 가운데 촉각이기 때문입니다. 감각이라는 마음을 아는 것은 의식입니다. 의식도 마음입니다. 즉, 마음이 마음을 아는 것입니다.

그렇다면 '아픔을 제공한 손가락은 그 모양과 그 색깔 그대로 존재하지 않는가?'라고 반문할 수 있지만, 손가락을 전자현미경으로 보면 손가락 모양과 색깔 그대로 보이지 않습니다. 외부에 실재하는 것이라면 전자현미경이 아니라 어떤 것으로 보아도 변함없는 손가락이어야 하지만 사실과 달리 그렇지 않다는 것입니다. 손가락은 끊임없이 변하기 때문입니다.

변하는 대상을 언어와 생각을 매개로 하여 매순간 마음이 재구성하여 고정화시킵니다. 고정화시킨 대상을 인식하면서 그것이 실제 있는 것인 양 생각하는 것입니다. 그래서 일정한 모양과 색깔은 아무리 찾아도 없습니다. 손가락이란 하나의 이름일 뿐임을 알게 됩니다. 이것을 실제로 있다고 생각하는 것은 착각이 아닐 수 없습니다.

결국 몸은 마음의 현상임을 알게 됩니다. 외부에 따로 존재한다고 생각되고 보이는 모든 것도 알고 보면 자기의 마음이 객관화되어 보이는 것뿐입니다. 따라서 마음 밖에 어떤 것도 있지 않습니다. 대상에 대해 이름붙임을, 그리고 자기감정과 생각의 개

---

2 시각·청각·후각·미각·촉각·의식·말나식·아뢰야식을 뜻합니다.

입을 거두어버리면 마음이 고요해지면서 상호관계의 평등성과
분리되어 있지 않은 관계망의 모든 진실이 드러납니다. 그래서
고요한 이 마음을 선禪이라고 합니다.

부언하자면, 내 몸이라고 생각하고 바깥경계라고 고정해 생각
하는 것은 말과 생각에 따라서 이루어지는 것입니다. 즉, 언어와
생각에 따라서 대상이 느껴지는 것입니다.

예를 들면, 찻잔은 던지면 깨어지지만, 찻잔이라는 말은 던져
도 깨지지 않습니다. 찻잔 자체는 매 순간순간 변하지만 말은 고
정되어 있습니다. 그래서 언어를 통해서 대상을 고정화시키게
됩니다. 그러나 그 언어가 바로 그 대상일 수는 없으니 소금은
짜지만 소금이라는 말은 짜지 않으며, 실제의 찻잔은 던지면 깨
어지지만 찻잔이라는 말[생각]은 깨어지지 않는 것입니다. 선에
들어가려면 대상을 고정화시키는 언어와 생각을 떠나야 합니다.

원효스님은 『대승기신론소』에서 마음에 대해 다음과 같이 이
르셨습니다.

크다고 하자니 아주 미세한 미시세계 속으로 들어가도
그 흔적을 찾을 수 없고
작다고 하자니 우주를 싸안고도 넉넉함이 있고
있다고 하자니 끝없이 사용해도 비어 있고

없다고 하자니 모든 사물이 이 마음을 타고 생겨나네[3]

이 마음이 바로 각체覺體이면서 그대로 선입니다. 다선은 차를 통해서 말과 생각을 떠나 이러한 마음의 본성인 고요함[禪]에 들어가는 것입니다.

마음의 고요함을 회복했을 때는 잘못 알았던 모든 미혹이 사라지고 미혹에 의해 빚어지는 혼선과 번민, 근심, 비통, 두려움 등의 모든 고통이 사라지며 불생불멸의 세계에서 노닐게 되는 대자유인이 됩니다.

---

3 欲言大矣나 入無內而莫遺하고 欲言微矣나 苟無外而有餘라. 引之於有에 一如
用之라도 而空이고 獲之於無에 萬物이 乘之而生이라. 不知何以言之하여 强號
之謂大乘이니라(『大乘起信論疏 記會本』卷一 첫머리).
『대승기신론소』에서는 대승을 한마음[一心]이라고 합니다.

찻맛
달빛같이
맑아차려
사리이게
는듯 소소백
벗어나이슬난
는깨어있으리
笑之 初春
智雲

차茶 마심의 형식에
생명 불어 넣기

차와 선이 한 맛으로 삶을 풍요롭게 한다면 인생은 참으로 멋있을 것입니다. 그러니 차 마심을 한갓 풍류로만 여겨서는 안 됩니다. 또한 차를 마시고자 환경을 고르고, 엄숙하고 경건하게 차를 마신다 할지라도 형식에 치우쳐 있다면 공허한 몸놀림에 지나지 않습니다. 이때 진정한 차 맛은 형식에 가려 찾을 수 없게 됩니다. 방편을 떠난 형식에 치우치는 것은 허식에 불과하기 때문입니다.

차를 마시고자 조용한 방에서 정숙을 지키며 품위 있는 몸가짐을 갖추는 것이 진정한 차 마심의 목적이 될 수는 없습니다. 오로지 차를 위해 그렇게 한다면 무언가 허전하지 않겠습니까? 그것은 다만 내용 없는 형식일 따름입니다.

이러한 차 마심의 형식에 생명을 불어 넣는다면 금상첨화입니다. 삶에 놀라운 변화를 일으키는 '살림'의 혁명으로 거듭나는 것, 생명을 불어 넣는 것, 그것은 바로 수행입니다.

차를 통해서 자신의 내부를 들여다볼 수만 있다면 그것은 수행입니다. 앉아서 선을 하면 '좌선坐禪'이요, 걸으면서 선을 하는 것은 '행선行禪'이라 하고 차를 마시면서 선을 하는 것은 '다선'입니다. 선은 몸과 마음과 행위가 고요함을 뜻합니다. 이처럼 차를 통해 괴로움의 원인을 제거하는 것이 다선입니다.

고통의 원인이 제거되면 마음이 고요해집니다. 선이란 원인을 제거하는 방법입니다. 다선은 차를 통해 생사의 원인을 제거하는 수행입니다.

비유하자면, 어떤 대상을 사진 찍고 그 찍힌 모습이 싫으면 그 사진을 삭제하거나 수정하여 모습을 바꿀 수 있는 것처럼 마음이 불편하다면 마음에 담겨 있는 정보를 찾아내어 그 부분을 제거하면 마음은 편안해집니다. 그러나 이것은 근본적인 해결방법은 아닙니다. 왜냐하면 대상을 인식하는 한에는 여전히 정보가 마음에 쌓이기 때문입니다.

그러므로 근본적인 해결방법은 생긴 정보의 대상을 영화 필름처럼 인식하고, 또 인식하는 그 인식을 멈추게 하면 더 이상 삶과 죽음의 필름이 돌아가지 않습니다. 필름이 끊어지면 삶과 죽음의 정보가 나타나지 않기 때문에 괴로움에서 영원히 해방될 수 있습니다. 그렇게 하는 방법은 생사生死의 정보를 담는 필름 자체가 물에 뜬 달과 같이 환영입니다. 인식되는 대상이란 자기 마음의 그림자에 지나지 않아 본래 존재하지 않음을 알아야 합니다.

이처럼 알아가는 방법은 다양합니다만, 여기서는 차를 통해서 선禪을 하는 방법으로 삶과 죽음의 문제를 해결하는 길을 이야기합니다. 이것이 곧 '다선의 요체'이며 이는 자비심을 근간으로 합니다.

차를 통해 선을 할 수 있는 방법은 여러 가지가 있습니다. 행다行茶를 통해 몸과 마음이 고요해진다면 '행다선行茶禪'이요, 차의 다섯 가지 색채를 통해 몸과 마음이 정화되면 '오색차 다선'이요, 차의 색향미를 통해서 몸과 마음이 고요해진다면 '색향미 다선'이 됩니다.

그리고 자비심으로 차 공양을 다른 이에게 올려서 몸과 마음이 고요해진다면 '공양다선'이 되며 차의 일미—味를 통해서 몸과 마음이 고요해진다면 '일미다선'이 됩니다.

번뇌는 시끄러운 것, 마음 아프게 하나니
세상 또한 시끄러워 생사의 괴로움 일어난다네
모든 괴로움 일으키는 곁가지와 근본 두 가지 원인 있나니
사마타와 위빠사나가 그 원인 제거하여
온갖 괴로움 생기지 않게 한다네

마음속 품은 색깔 그것 정보이며 기억이니

대상 만나면 번뇌망상의 파도 일어나

괴로움 느끼게 하는 곁가지 원인이라

사마타로 번뇌망상 사라지나

꺼진 불화로 속에 숨어 있는 불씨 같아

번뇌 불 일어날 조건 갖추어지면

세상 또한 불바다 된다네

그 원인을 알아 대치對治하면

이것이 근본원인을 제거하는 것이니

번뇌가 일어나는 원인과 조건

그 자체 살펴보는 그것 번뇌를 제거하는 길이니

근본원인을 아는 위빠사나이니라

차茶 명상의 오해와 이해

생활을 떠난 수행은 없습니다. 진리가 수행자나 성인들만의 고유영역이며 일상적인 삶을 벗어나 있는 것이라면 우리에게 아무런 가치가 없습니다. 수행은 어려운 것도 높거나 먼 것도 아닙니다. 생활이 곧 수행이고 수행 속에 생활이 있는 것입니다. 생활이 수행이 되어야 하고 수행이 곧 생활이 되어야 합니다. 이렇게 되었을 때만이 비로소 참된 삶을 살 수 있습니다.

요즈음 차가 당뇨와 암 등의 예방과 치료에 효능이 있다고 알려지면서 차에 대한 관심이 많아졌습니다. 이러한 약용으로서의 차 마심은 차 수행의 차 마심과는 다릅니다.

이러한 차 마심도 치유의 효과는 있겠지만, 앞서 말한 지止와 관觀 수행이 병행될 때만 차 마심이 그대로 생명 살림으로 됩니다. 즉, 차를 마시는 행위와 맛에 대한 집중은 몸과 마음을 가볍

고 편안하게 하며 막힌 곳을 소통시키므로 생명을 살리는 것이
됩니다.

차는 왜 마시는가 묻는다면
한 잔의 차
달빛 같이 알아차려
내면 깊숙이 울리나니

한 송이의 차 꽃에서
한 잔의 차 맛에서

어둠 속 불빛처럼
깨어나는 마음이여
허공 같고 거울 같구나

수억 년 먼 눈 깨우고
죽은 생명 살아나는
우주의 아름다운 춤사위라네

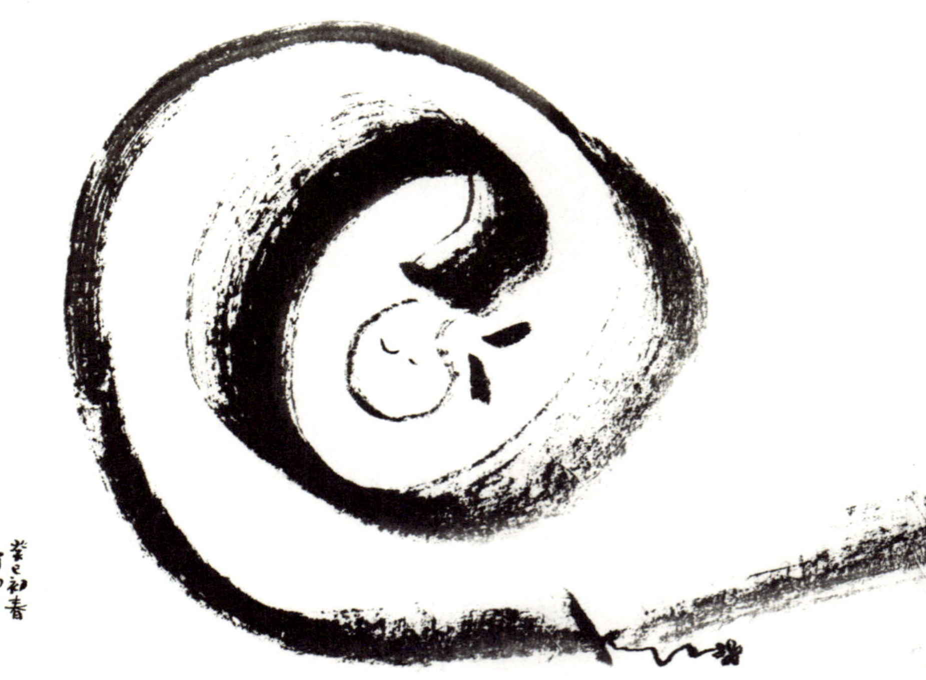

다선의 세 가지 바탕

삼가함[戒]·고요함[定]·지혜[慧]

제2장

다선의 명상 첫잔

자비심을 일으키는 도구

고요함[定]과 지혜를 일으키는 도구

인과법칙

茶맛 보는 主人
첫맛은 찾을수 없으나
尊嚴 속에 햇살 같이
텅빈 智慧
살아 숨쉬네
꽃핀 初春
智雲

다선의 선을 깨치려면 삼가함[戒] · 고요함[定] · 지혜[慧]가 바탕이 되어야 합니다. 모든 명상의 바탕은 삼가함 · 고요함 · 지혜이기 때문입니다. 따라서 자비다선 또한 삼가함 · 고요함 · 지혜가 근간이며 그 목적은 몸과 마음의 고통과 고뇌를 자가진단하고 자가치료할 수 있게 하는 것입니다.

불학佛學의 근간인 삼학三學은 다음과 같습니다. 우선 행위의 단속이 삼가함[戒]이니 신체와 말로써 나쁜 행위를 하지 않도록 수행하는 것입니다. 다음으로, 마음의 고요함이 정定이니 한 대상에 마음을 집중시킴으로써 산란하고 아주 미세한 생각마저 잘라낸 상태를 달성하는 것을 가리킵니다. 그리고 그 상태에서 공성을 명상하는 것이 지혜[慧]이니 마음의 깨어 있음이 지혜를 뜻합니다. 명상이란 행위의 고요함과 마음의 고요함을 얻어 마음이 깨어나게 하여 삶과 죽음의 고苦를 해결하는 것입니다.

이와 같이 자비다선의 특징은 외면으로부터 내면으로 이행하여 내면의 세계에서 일어나는 괴로움의 원인인 탐貪 · 진瞋 · 치

癡를 고요함[定]과 지혜로써 제거하고 이 고요함과 지혜를 외면으로 이끌어내어 중생의 고뇌를 해결하는 데에 있습니다.

차는 혼자 마시기보다는 함께 마시는 경우가 많습니다. 이때 자비다선을 하여 고요함과 지혜가 생기면 그것이 밖으로 표출되는데 바로 자비의 모습입니다. 그때 나타나는 한없는 부드러운 기운을 상대방이 느끼고 알게 됩니다. 이렇게 상대방에게 전해지는 자비의 기운은 함께 하는 사람들을 고통으로부터 해방시킬 수도 있게 됩니다. 즉, 다선茶禪을 통해 중생의 삶과 죽음의 문제를 해결[慈悲]하므로 자비다선이라고 합니다.

자비다선의 행다行茶를 삼가함[戒] [4]이라고 할 수 있습니다. 즉, 말이나 신체에 의한 불선不善의 행동이라는 형태로 번뇌가 나타나지 않도록 스스로 억제하는 것을 뜻합니다. 자비다선의 색 · 향 · 미 · 한마음 다선 등은 마음 자체에 자리 잡고 있는 번뇌를 퇴치하여 마음의 고요함[定]을 불러오며, 이로써 궁극적으로는 연기緣起에 대한 무지를 타파하고 번뇌가 마음에 남아 있는 흔적을 제거하여 마음이 깨어나게[慧] 합니다.

개인의 수행이나 함께 하는 수행 또는 시연하여 대중과 함께

4　삼가함[戒] : 행위, 습관, 성격, 도덕, 경건, 천성 등에서 선한[善] 계, 해로운[不善] 계, 결정할 수 없는[無記] 계로 나뉩니다. 삼가함은 대상에 반연하는 선善하지 못한 모든 마음을 거두어들이는 마음인 섭심攝心입니다.

하는 다선수행은[5] 행다[행위, 戒]의 알아차림을 통해 몸과 입의
고요함, 그리고 마음의 깨어남을 이끌어냅니다.

행다여
의도로 움직이나니
그 결과 행다의 모습이라
선악의 행위를 계라 하네

다선의 알아차림
번뇌가 일어나지 않아
삼매라 하며
원인과 결과를 아는 지혜여
자유로움을 선사하네

---

5   행다선과 색 한마음 다선 등의 열한 가지 다선을 가리킵니다.

다선의 명상찻잔

마음은 몸[감각기관]을 의지하여 대상의 영향을 받아 일어납니다.[6] 그 대상이 어떠냐에 따라 마음의 성격이 달라집니다. 즉, 마음은 대상을 닮기 때문입니다. 따라서 그것이 진리라면 마음은 그 영향으로 진리의 모습을 닮아가고 결국 진리를 깨치게 됩니다. 그러므로 여기서 다선일미의 진리를 깨치기 위한 명상도구가 필요합니다.

진리로 인도하는 도구를 빌려서 다선일미의 진리에 이를 수 있기 때문입니다. 그 도구는 찻잔입니다. 다선의 명상찻잔은 무경계, 무조작의 한마음에 이르는 훌륭한 도구입니다. 이 도구에는 일곱 가지 의미가 있습니다.

---

6 『능가경』에 의하면 '경계의 바람이 불면 시각 · 청각 · 후각 · 미각 · 촉각 · 의식 · 말나식의 7식(識)이 파도친다'라고 합니다. 즉, 대상이 마음을 일으키는 것입니다.

첫째, 찻잔을 좀 크게 한 것은 명상할 때 머릿속에 찻잔의 표상이 쉽게 잘 나타나도록 하여 연상작용이 잘 일어나도록 하기 위함입니다.

둘째, 찻잔의 재질을 백자를 택한 것은 차의 맑고 투명하고 미묘한 빛깔이 잘 드러나기 때문이며 잘 드러난 빛깔은 영상이 쉽게 일어나도록 해주며 선명하게 해주기 때문입니다.

셋째, 찻잔 안쪽 바닥에 연꽃문양이 그려져 있습니다. 찻물을 담았을 때 연꽃문양이 찻물의 맑고 투명한 품성이 잘 드러나도록 하기 위함이며 이로 말미암아 연꽃 같은 마음이 생기게 합니다. 이것이 연꽃문양의 역할입니다.

넷째, 연꽃은 오염물질을 부어도 그것을 받아들이지 않고 청정하듯이 연꽃 같은 마음은 번뇌 속에 있으면서도 번뇌에 물들지 않고 맑고 투명한 불생불멸하는 빈 마음을 상징합니다. 따라서 차 명상 중에 명상찻잔을 볼 때 마음속에 있는 연꽃 같은 마음을 자극합니다. 자극을 받아 일어나는 마음이 연꽃 피듯이 깨어나 열리는 효과가 있으며, 열린 청정한 마음이 또한 다선茶禪의 경지와 일치되도록 하면서 다선일미의 경지에 들어가도록 합니다. 연꽃문양이 바로 의식을 깨우기 때문입니다.

다섯째, 찻잔의 꽃잎 모양이 세 개인 것은 상호의존하고 협력하면서 하나의 에너지[氣] 흐름으로 바뀌어 가게 합니다. 즉, 차 모임의 여러 사람은 각기 개인이면서 전체이고 전체이면서 개인으로 상호 수용과 상호 열림을 표현하는 차 모임의 성격을 의미합니다. 그리고 차를 마시면서 여러 갈래로 일어나는 마음이 하나 되어 한마음의 근원으로 들어가는 것을 상징합니다. 한마음은 불·법·승 삼보의 근원으로 찻잔의 모양은 삼보를 상징하며, 지혜와 자비, 그리고 해탈을 상징하며, 마음의 체體·상相·용用을 상징합니다.

여섯째, 세 개의 꽃잎 모양은 '한마음 공양 다선'을 할 때 찻잔을 잡은 손의 모양이 사랑을 의미하는 '하트' 모양이 되게 합니다. 즉, 최대의 공손과 정성, 사랑을 표현하는 모습이 연출되도록 하기 위함입니다. 두 손으로 찻잔을 합장하듯이 감싸 안으면 그 모양이 합장하는 모양이 되는데, 합장은 상대방에 대한 공경을 표하는 것이며 너와 나로 나누어 고통을 일으키는 탐욕과 성냄이 사라지게 하고 어리석음이 지혜로 바뀌게 합니다. 최종적으로 다선일미의 깨달음에 이르게 합니다.

일곱째, 찻잔의 활짝 피어 있는 꽃 모양은 마음을 깨달음으로 움직이게 합니다. 꽃이 핀 모양이 깨달음을 상징하기 때문입니다.『화엄경』및『법화경』제목에 꽃이 들어가 있는 것이 깨달음을 상징하는 것과 같이 찻잔의 꽃이 핀 모양은 깨달음을 상징합니다.

즉, 꽃이 피면 열매를 맺습니다. 꽃이 피면서 열매도 함께 영글어가는 연꽃 같은 깨달음이 있는 반면, 꽃이 지고 난 뒤에 열매가 익어가듯이 얻는 깨달음도 있습니다. 이처럼 차 마심을 통

하여 모든 존재의 본질을 꿰뚫어 보아 번뇌망상이 사라지면서
열리는 마음은 마치 꽃이 피는 것과 같습니다.

　그래서 부처의 씨앗[佛種子]을 길러 부처님이 되게 하는[佛果]
만다라의 뜻이 찻잔의 꽃 모양에 있는 것입니다.

　　　피는 연꽃처럼

　　　일곱 뜻 찻잔 들어

　　　깨달음 상징하니

　　　따라가는 마음이여

　　　구름 사이로 비치는 햇살같이

　　　무의식의 그림자 사라지고

　　　세상의 어둠 도망가네

자비심을 일으키는 도구

자비다선慈悲茶禪, 즉 한마음 공양 다선[7]의 핵심은 자비심입니다. 자비는 관계 속에서 일어나므로 그 속성은 무아입니다. 즉, 막힌 것을 뚫어주고 끊어진 것을 이어주며 생명을 불어 넣어 그물과 같이 불이의 연기실상을 구현합니다. 그러므로 자비심을 일으킨 결과 무아를 깨닫게 됩니다.

관계를 소통시키는 느낌, 이미지, 감정, 그리고 생각[8]을 일으키거나, '사랑한다' '감사하다' '고맙다' '용서한다'라고 마음속으로 말을 걸거나, 타자의 어려움을 해결하고자 발원하는 것, 공양물을 올리는 것은 모두 관계를 소통시키는 도구이니, 이로 말미

---

7 자慈의 행복 다선과 비悲의 해원결 다선, 그리고 자비공양 다선으로 나눠볼 수 있습니다.

8 부드러운 느낌, 부드러운 감정. 따뜻한 느낌, 따뜻한 감정, 그리고 그러한 생각들을 뜻합니다.

암아 일어나는 자비심이 막힘과 단절 때문에 파생한 고통을 해소하고 불생불멸의 열반락涅槃樂을 성취케 합니다.

이를 위해 자비다선에서는 특히 상상의 힘을 사용합니다. 상상 속에서 일체의 차 도구를 갖추고 차 공양[9] 올리는 모습을 생생하게 현실처럼 내면에 투영합니다. 즉, 동작 하나하나를 실제와 똑같이 상상하는 것입니다. 이 상상력이 자비심을 키우고 자비심은 습관화된 부정적인 심리를 없애고 긍정적인 것을 증장하게 합니다.

---

9   공양은 자비심을 일으키는 구체적인 방법입니다.

상징의 詩

쓰여질 수 없는 말
헤아릴 수 없는 맘
이것은 그러한 곳으로
늘 나타나 비밀한 맛
미묘한 비줄재에 대한
바로 그이야

꽃은 初春
智雨 그림

이 그림의 色은 정말히
빠칠수 없으니까?

고요함[定]과
지혜를 일으키는 도구

현실을 상상력[10]으로 투영하는 것은 행다선, 색향미 한마음 다선에서도 유용한 방법입니다. 이뿐만 아니라 알아차림과 인연생멸의 현상에 대해 직관하고 분석 사유하는 것이 바로 고요함[定]과 지혜를 일으키는 도구입니다.

사마타관과 위빠사나관은 알아차림[正念]으로써 합니다. 특히 사마타관은 상상력을 활용합니다. 투영된 영상을 직관하여 고요함을 얻기 때문입니다. 자비심을 키우고자 차 공양의 이미지를 내면에 투영하는 것도 사마타관입니다.[11] 직관의 힘을 키우고 고요함을 얻는 데는 이보다 더 좋은 방법은 없을 것입니다. 투영된 이미지와 합일하여 존재의 본질이 드러나면 그 본질에 대해

---

10 상상력은 보는 힘, 즉 직관을 키우고 고요함[定]을 얻게 합니다.
11 『청정도론』의 40여 가지의 사마타 수행은 모두 대상의 이미지를 취하여 관찰 대상으로 사용합니다.

집중해 가는 방법도 사마타 수행입니다.

그리고 관계성 사유와 고요함을 의지하여 내면에서 일어나는 갖가지 영상과 심리를 알아차리면서 통찰하여 사유하는 것은 모두 위빠사나 수행입니다. 이렇게 상상력과 알아차림은 모두 고요함[定]과 지혜를 얻는 도구입니다.

특히 알아차림은 차를 통해 오감으로부터 일어나는 감각을 알아차리는 것입니다. 즉, 눈으로 색을 알아차리고 코로 향기를 알아차리며 혀로 맛을 알아차리며 귀로 소리를 알아차리며 접촉에 의해 일어나는 감촉[가벼움, 무거움, 부드러움, 따뜻함, 차가움 등]을 알아차리는 것입니다. 이렇게 오감의 감각을 아는 것은 일체를 아는 것입니다. 왜냐하면 감각을 통해서 일체 모든 것이 드러나기 때문입니다.

이상과 같이 이러한 도구를 통하여 삼가함[戒]과 고요함[定] 그리고 지혜[慧]의 세 가지 배움[三學]과 자비심이라는 결과를 가져옵니다.

인과법칙

　수행에는 동기가 필요하며 무척 중요합니다. 모든 생명의 괴로움을 자각하면 수행하고자 하는 동기가 일어납니다. 이 동기가 바로 모든 생명, 모든 사람들을 괴로움에서 벗어날 수 있도록 돕고 그러기 위해 지혜를 일깨워 수행함[발보리심發菩提心]으로 이것이 원인이 되어 깨달음이라는 결과를 이룹니다. 따라서 수행은 모두 인과로 이루어져 있습니다.

　수행의 출발을 인지因地라고 하며, 수행의 끝인 깨달음은 과지果地라고 합니다. 수행의 출발에서 괴로움을 자각하고 여기서 벗어나고자 깨달음을 구하면서 모든 생명을 괴로움으로부터 구하겠다는 서원을 세우는 것은 바로 보리심을 일으키는 것입니다. 이것이 수행의 동기입니다. 땅[地]은 마음을 비유한 것입니다. 땅에 씨앗을 뿌리면 싹이 트고 줄기와 잎이 자라고 꽃이 피고 열매를 맺듯이 마음 땅에 보리菩提의 씨앗을 심으면 반드시 깨달음의 꽃이 피고 깨달음의 열매를 맺습니다.

열매가 저절로 익어가는 과정에서, 즉 인지에서 과지까지의 수행단계 과정에서 경鏡—환幻—공空—화華의 네 단계가 있습니다.[12] 그러므로 수행은 인과 자체이며 인과로 이루어져 있습니다.

원인은 반드시 결과를 이끌어냅니다. 사마타관과 위빠사나관의 알아차림과 상상력, 사유, 자비의 감정, 생각 등이 수행 동기를 도와 삼가함 · 고요함 · 지혜의 세 가지 배움을 일으키고 삶과 죽음의 괴로움에서 벗어나게 하는 결과를 가져오게 합니다.

자비다선은 모두 열한 가지 종류의 명상이 있습니다. 자비다선에는 혼자서 하는 다선과 함께 하는 다선이 있습니다. 혼자서

---

12 『대승기신론』에서는 범부각凡夫覺, 상사각相似覺, 수분각隨分覺, 구경각究竟覺의 깨달음의 단계를 설하고 있습니다.
범부각은 몸 사라짐의 경계로 감각이 정화되어 몸으로 짓는 불선업不善業인 살생, 도둑질, 삿된 음행(출가자는 음행)을 범하지 않고 입으로 짓는 거짓말, 이간질, 악담, 꾸미는 말을 하지 않아 몸과 입으로 짓는 악업을 소멸한 깨달음입니다.
상사각은 의식과 의식의 심리작용이 모두 정화되고 또한 묘관찰지妙觀察智로 전환되어 후천적인 번뇌가 소멸된 깨달음입니다.
수분각은 잠재의식이며 자아의식인 말나식과 그 심리들이 정화되고 또한 평등성지平等性智로 전환되어 선천적인 번뇌가 소멸된 깨달음입니다.
구경각은 무의식이라 불리는 아뢰야식에 저장되어 있는 모든 종자, 즉 정보가 소멸되고 곁가지 무명과 근본무명이 소멸되어 아뢰야식이 대원경지大圓鏡智로 전환되고 동시에 감각이 중생 구제하는 지혜인 성소작지成所作智로 전환된 깨달음입니다.

하는 다선에는 명상도구를 이용하는 다선과 명상도구가 없이 하는 다선이 있습니다. 함께 하는 다선에는 죽비 신호로 시작하는 다선과 길잡이 명상언어의 안내로 대중과 함께 하는 다선이 있습니다.

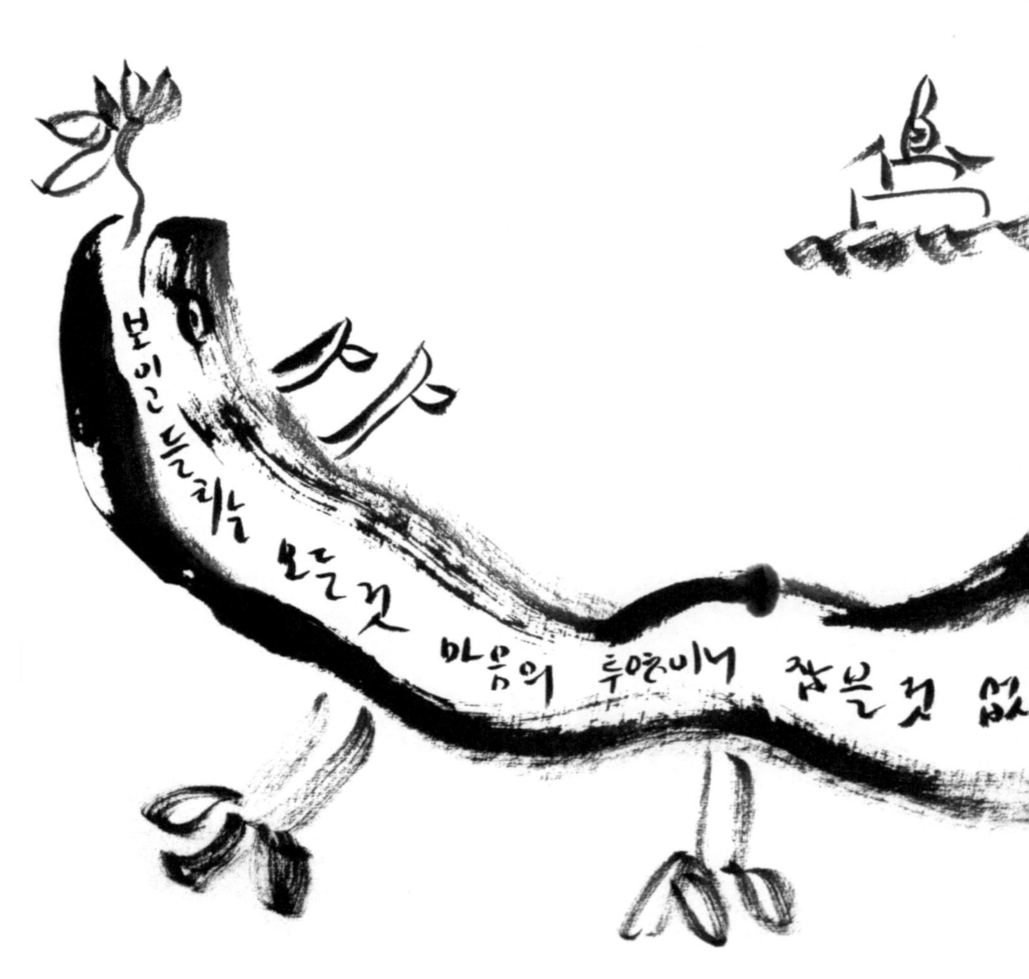
보이고 들리는 보는것
마음의 두엇이니 찾을것 없다

자비다선의 수행단계

네 가지 비유

제3장

경鏡
환幻
공空
화華

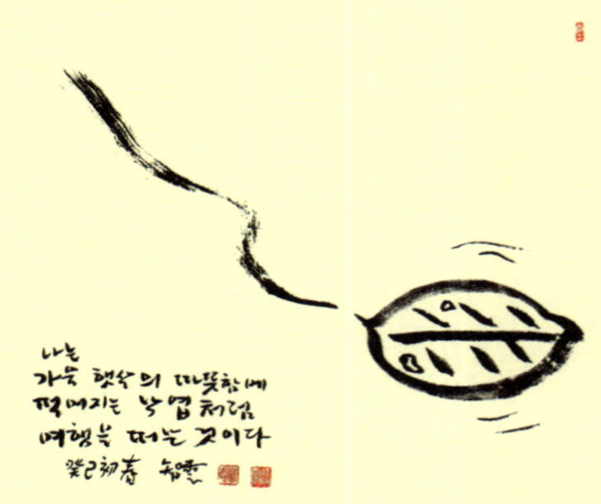

나는
가을 햇살의 따뜻함에
떨어지는 낙엽 처럼
걸림 없는
여행을 떠나는 것이다

癸巳初春 智愚

　명상에는 세 종류의 유형을 이야기할 수 있습니다. 첫째는 대상을 해석, 분석하거나 분별하지 않는 방법입니다. 그리고 무거운 짐을 내려놓듯 계획하고 고민하고 구하고 원하는 모든 것, 즉 생각을 내려놓는 것입니다. 둘째는 자기 중심주의적인 이기적이고 배타적인 마음을 상대방 중심인 자비심으로 전환하는 것입니다. 셋째는 공성의 지혜로 번뇌를 제거하는 것입니다.

　부언하자면, 내려놓는 것과 전환하는 것은 대상에 감정, 생각을 덧붙이거나 다른 것과 결부시키지 않고 있는 그대로 알아차리거나 대상으로부터 마음을 챙기는 것입니다. 이미지를 떠올리는 것은 산란하고 산만한 마음을 하나로 모으고 들뜨고 흥분되는 마음을 가라앉히는 효과가 있으며 부정적인 감정을 긍정과 소통의 자비감정으로 전환하는 것입니다.

　즉, 내려놓는 것과 전환하는 것은 마음의 고요함을 얻게 하는 사마타관觀에 해당합니다. 그리고 공성의 지혜로 번뇌를 제거하는 것은 무지를 없애고 번뇌의 뿌리를 잘라내는 위빠사나관觀에 해당합니다. 자비다선의 행다선을 비롯하여 화두차까지 열한 가지 명상법도 이 범주에서 벗어나지 못합니다.

이 세 가지 유형의 자비다선의 수행단계는 경鏡 → 환幻 → 공空 → 화華의 과정을 거쳐 마음을 전환하고 깨달음을 얻어 대자유인이 되는 것입니다.

경鏡

거울이여

더러운 모습이 와도 싫어하지 않고

깨끗한 모습이 와도 좋아하지 않네

오고 감에 분별하지 않으나

목석木石이라 하지 말라

보이는 대로 반영함이여

'나다'라고 하지만

'나'라 할 수 없으니 비추는 자者

또한 '나'가 아니네

비추고 비치는

그것 무엇인가?

거울[鏡][13]은 몸과 마음의 현상을 알아차리고 사유 관찰하는 것이므로 관觀에 비유됩니다. 대부분의 사람들은 자기가 하는 일을 자신이 모르고 습관적으로 살아가고 있습니다.

마음이란 술 취한 코끼리에 비유됩니다. 술 취한 코끼리 같은 자기 자신을 비춰볼 수 없다면 자기 마음을 길들일 수 없습니다.

자기를 비춰보지도 못하고 또 거친 마음이 나타나면 자기도 다치고 남도 다치게 되며, 감정, 생각, 느낌, 의도가 부정적이라면 삶이 부정적으로 흘러갈 수밖에 없습니다. 마치 술 취한 코끼리 같은 내부의 마음을 길들일 수 있게 자각하는 알아차림이 곧 관이며,[14] 거울이 되는 것입니다. 거울은 자기를 비추어 볼 수 있습니다. 그래서 자기를 비추어볼 수 있다는 것은 경이로운 것입니다.

예를 들면, 거울은 있는 그대로 비춥니다. 거울은 반조返照함을 비유한 것이며, 법을 듣고 사유하며 수행하는 그것입니다. 말하자면, 더는 나눌 수 없고 분해할 수 없는 궁극적인 것을 다르

---

13 마음 거울[鏡]이 유식삼성唯識三性 가운데 분별의 성품이 무지임을 알아 마음 거울의 무분별로써 제거하여 상(相)이 자체성품이 없음[相無自性]을 깨치게 한다고 이르고 있습니다.

14 『명추회요冥樞會要』上, '四念處者 念是觀慧.' 사념처에서 염念은 관觀하는 지혜입니다.
조심祖心 역음, 원순 풀어씀, 『마음을 바로 봅시다』, p.291.
『명추회요』는 조심선사가 『宗鏡錄』에서 가려뽑은 것입니다.

마[dharma ; 法, 진리]라고 합니다. [15]

이 다르마를 들음과 다르마에 대한 사유가 거울[鏡]이 되며, 몸과 마음의 현상을 '변하지 않고 영원하다' '즐거움이다' '자아다'라고 생각하지 않습니다. 무상無常하고, 괴로움이며, 자아 없음이며, 궁극적으로 '공성空性의 다르마'로 바르게 알아차리는 것이 거울이 됩니다.

즉 듣고, 사유하며, 닦음[聞思修]에서 비로소 마음을 거울같이 닦음[修]의 시작이 거울[鏡]입니다. 행다선이 이 알아차림의 거울을 애쓰지 않고도 알아차림이 되도록 익히는 명상을 주로 합니다. 그리고 그 다음 다선법 모두가 이 알아차림의 거울을 바탕으로 하고 씁니다.

알아차림의 거울은 이미지를 연상하여 지켜보거나, 현상이 원인과 조건으로 일어나고 사라지는 것을 바로 보거나[直觀] 사유 분석합니다. 그래서 거울은 곧 '관'입니다. 관은 바로 사마타관과 위빠사나관입니다. 이 관에 의해 고요함[定]과 지혜가 생기고 궁극에는 고요함과 지혜가 하나가 되어 일어나는 깨달음을 얻습니다.

---

15   들음과 사유를 통해 마음에 영향을 주어 내면을 보게 합니다.

무분별의 거울이여

느끼려고 하지 않고

감정 덧붙이지 않고

생각 덧붙이지 않고

의미부여하지 않고

다른 것과 결부시키지 않고

없애려고 하지도 않으니

드디어 말과 생각이 멈춰

무분별의 거울이 생겨

모든 것이 고정 분리 실체로 보이는

모양이 사라지네

환幻

세상은 물에 뜬 달

보고 느끼는 것 없음 아니니
현상 없다 착각하지 말라

머리 속 생각과 말에 의지하여
허공虛空 속 꽃처럼 존재한다네

환이여
다시 한 번 거울 속 미인美人이로다

환이란 곧 마음의 현상임을, 거울 같다는 것을 관을 통해 이해
해야 합니다. 몸과 마음을 관찰하는 사마타관과 위빠사나관의

거울 같은 힘 때문에 몸과 마음의 여러 가지 현상이 생깁니다. 환이란 존재하지 않는 것을 마치 있는 것처럼 비춰서 실재한다고 생각하게 합니다.

예를 들면, 물에 뜬 달은 선명하여 있는 것 같으나 그 달을 손으로 건져 낼 수 없는 환임을 아는 것과 같습니다. 이와 같이 무상·고·무아로 세상을 바라보았을 때 보이는 모든 것을 환[16]으로 이해하는 지혜가 생깁니다. 모든 현상을 거울에 비추어 볼 줄 알게 되면 거울에 비친 것은 다 환幻인 줄 알게 되고, 그 현상은 밖으로 버릴 수 없고 끌어 낼 수도 없으므로 자기 뜻대로 조절할 수 없고, 실체 없음을 알게 됩니다.

그러므로 내 마음이 거울이 되면 모든 것이 실재하지 않는다는 것을 알게 되고, 모든 것은 변한다는 것을 알 수 있습니다. 변한다는 것은 곧 죽음이라는 두려움으로 연결됩니다. 변하는 것이 고통일 뿐이지만, 그 고통의 주체나 실체를 찾을 수 없기 때문에 무아이며 공임을 알게 됩니다. 또 환이라는 것은 허무도 아니요 절대도 아닙니다. 대상도 환이고 거울도 환이어서 환으로써 환을 제거한다는 것을 알게 됩니다.

---

16 사물이 고정, 분리되어 보이는 것은 사실 환인데 이것을 알기 위해서 사유가 필요합니다. 즉, 마음이 거울이 될 때 거울에 비친 것은 모두 환임을 분석하여 아는 것입니다.
모든 것은 자연적으로 생기는 것이 없고 모두 원인과 조건의 상호작용에 의해 생기하며 또한 상호의존하므로 고정, 독립된 것은 없습니다. 유식삼성 중에 타를 의지하여 일어나는 성품(의타기성)은 자체성품이 없어 생기하는 것은 모두 무자성임을 깨치게 되는 것입니다.

여기서는 환幻을 통해 환인 줄을 명확하게 보고 아는 것입니다. 즉 환이 중생구제의 원리가 되며 심지어 수행방편으로써 이미지를 연상하는 것도 하나의 환인 줄 알고 하는 것입니다. 수행은 환으로써 환을 제거하는 것이기 때문입니다.

이 환의 단계에서 진리를 들음과 이치를 사유함과 궁극적인 것을 관찰하여 얻는 이 세 가지 지혜거울에 나타나는 세계는 고정되어 있지 않고, 분리되어 있지 않고, 스스로 존재하지 않으며, 유무가 아니듯이 이러한 고정, 분리, 유무 등의 잘못된 견해를 소멸시키는 지혜가 생깁니다. 즉 무분별의 거울로 대상을 비출 때 진실을 바로 보는 지혜가 바로 서는 것입니다. 그래서 마음 거울에 의지하여 있는 그대로 환임을 보는 것입니다.

알아차림이여
거울 만드니 마음이구나
비친 모든 것이여
허공에 핀 꽃이네

환 그대여
이 또한 마음의 모습임을 인도하니
본모습의 마음이여
거리감距離感 잊어버려
눈앞에서 잡힐 듯하네

공空

모든 것 마음의 투영이며 환幻이라
환을 보는 것은 마음을 보는 것
안과 밖이 없는 마음이 공空이로다

공을 아는 지혜여
공과 짝을 이루어 물에 물 탄 듯하니
무경계無境界 무분별無分別이라
공 또한 공하도다

허공에 햇빛 가득함이여
언어문자 따라 생각 따라
세상과 삼라만상 우주 나타나니
마음 공 관觀하여 대자유인 되리

　허공은 공성空性의 비유이며 깨달음의 내용입니다. 여기서 환을 관하여 공[17]을 체득하는 것입니다. 우리가 살고 있는 세계가 환인데 환을 통해 깊이 들어가면 안과 밖이 없습니다.

　그리하여 환의 단계에서 체험한 무상·고·무아의 삼법인三法印이 곧 자신의 마음이며, 이 마음은 곧 공이며 이 마음 공의 지혜로 모든 현상도 곧 처음과 끝이 없는 공임을 깨쳐가는 단계입니다. 즉, 경鏡의 안과 환幻의 밖이 모두 공임을 깨치는 단계입니다. 모든 현상이란 마음의 투사이기 때문에 곧 마음의 현상임을 거울 같은 관을 통해 이해합니다.

　예를 들어, 거울 또는 바람 한 점 없이 고요한 호수에 나타난 사물은 선명하며 그것이 가고 옴이 없고 실체가 없어 환이자 공임을 깨달아 너와 나, 이것과 저것의 경계선이 사라진 무경계無境界, 무분별無分別, 무상無相, 무조작無造作, 무인무중생無人無衆生의 각성이니[18] 이를 아는 것이 지혜이며 곧 깨달음의 경계입니다.

17　유식삼성 중 원성실성으로서 공과 지혜가 불이不二이라, 법신진여 또한 무자성입니다. 공은 안과 밖이 없으며 모든 견해가 없는 것을 뜻합니다.

18　『80화엄경』의 「출세간품」의 법문입니다. 육조 혜능대사는 '볼 수 없고, 말할 수 없고, 머리 없고, 꼬리 없으며 안이 없고 밖이 없고 중간도 없으며 푸르고 붉은 등의 색깔이 없으며 유무有無도 아니고 인과因果도 아니다'라고 법을 설합니다.

땅을 파면 판 만큼 허공이 나타난다
땅을 파거나 안 파거나 그 자체가 공이다

찻잔을 부수어 가루로 만들고
후 불면 찻잔은 허공이다
찻잔을 부수거나 안 부수거나
그대로 공이다

화華

꽃이여
공의 깨달음이며

꽃잎의 중첩이여
진리의 표현이로다

보리菩提의 씨앗이여
중생 가슴 속 부처의 싹 틔우니
유정有情이 붓다로다

보리심이여
불 속에서 피어나는 연꽃이로다

화華[19]란, 깨달음의 표현이며 진리 자체를 비유한 것입니다. 우리가 살고 있는 이 자리가 그대로 깨달음의 세계라는 것입니다. 닦아서 얻어지는 것이 아닙니다. 깨달음의 꽃은 반드시 열반이라는 열매를 맺게 합니다. 깨달음의 결과를 가져오므로 화華입니다. 그리고 꽃이 피면 열매가 맺듯이 고통 받는 중생을 구제하는 것이 화입니다. 즉, 안의 명상과 밖의 중생구제 모두가 깨달음의 표현으로, 바로 이 화를 말하는 것입니다.

그리고 꽃의 꽃잎들은 관계성의 중첩을 보여줍니다. 그래서 생명의 상호의존성과 세계의 상호의존[相互依存, 연기緣起]을 보여주기 때문에 깨달음의 표현이며 화華입니다. 공이면서 관계성으로 형상을 이루며 또한 하나 된 모습입니다.

공에는 불변[不變, 공空]과 수연[隨緣, 不空]의 뜻이 있기 때문입니다. 이 불변과 수연은 둘이 아니고 제일의공第一義空이라 하며 마음 청정입니다. 깨달음이 일어나면 마음은 본연의 모습을 드러내니 그대로 청정이며 일미一味라는 뜻입니다.

즉, 궁극적으로 무명이 타파되어 드러난 세계는 공성空性, 불성佛性의 현현이며 현상으로는 거듭거듭 다함이 없는 그물 같은 관계망[중중무진법계 重重無盡法界]으로 나타나므로 일체 모든 것이 그대로 불생불멸不生不滅인 것입니다. 그러므로 환과 공이 같음

---

19 일체 모든 것이 열반이며 법계연기인 것을 뜻합니다.

이 드러납니다. 환이 곧 현실의 삶이라는 것입니다.

　진리를 깨치거나 못 깨치거나 상관없이 이 세계는 원래 깨달음의 세계입니다. 깨달음의 꽃을 피우기 위하여 내적으로는 공을 깨치는 지혜를 얻는 수행과, 밖으로는 어렵고 힘든 이들을 돕고 고통에서 벗어나게 하면서 행하는 자비의 실천수행인 환관幻觀,[20] 즉 대비관大悲觀[21] 모두 깨달음의 표현으로 꽃입니다.

　깨달음의 표현인 꽃은 꽃잎의 중첩, 즉 중중무진 법계연기입니다. 연기는 늘 새롭게 창조됨을 뜻합니다. 즉, 원인과 조건의 만남이 연기이며 이 만남은 늘 새로운 현상을 발현하므로 모든 것은 똑같은 것이 하나도 없이 늘 창조되는 것입니다. 깨친 이는 습관성 업에서 벗어나 창조적 삶을 살아갑니다. 많은 이들은 이러한 진실을 모르고 자신이 창조한 것에 집착하고 고뇌하므로 이러한 이들을 일러 중생이라 합니다. 창조물은 곧 마음의 투영이므로 환영이며, 환영이 곧 삶의 진실임을 알아야 합니다.[22]

20　함허득통 주해, 원순 풀이,『한글원각경』「위덕자재보살장」, p. 235.

21　『대승기신론 해동소』에서 원효스님께서는 대비관을 위빠사나라고 설하고 있습니다.

22　연기에 의해 일어나는 창조는 마음의 투영으로 환영이라 하지만 연기하는 그 자체는 진실입니다.

꽃이여

꽃잎의 중첩

부분이 곧 전체요

전체가 부분이로다

꽃이여

앎의 가고 옴의 바람이며

아름다움의 뿜어냄이고

꽃이여

그물망이며 공성의 외침이며

꽃이여

안과 밖의 모든 속박의 벗어남이며

깨달음의 표현이다

경鏡 → 환幻 → 공空 → 화華의 네 가지 단계는 행다선부터 시작하는 자비다선의 체험입니다. 예를 들어, 비유하자면 색 한마음 다선에서 경은 명상찻잔의 찻물이 되비추어 보여주는 거울에 비유됩니다. 환은 명상찻잔의 찻물에 비치는 현상이 환영임을 나타내는 것에 비유됩니다. 공은 찻물 색의 투명한 허공 같음에 비유되며 화는 명상찻잔의 연꽃모양과 연꽃문양에 비유되듯이 마음이 연꽃처럼 열리고 깨어나는 것입니다. 특히 깨어나는 화華의 경지는 깨달음과 진리 자체를 표현한 비유이며 이 비유는 곧 다선일미茶禪一味의 경계를 표현한 것입니다.

행다선 行茶禪

제4장

행다 할 때 고요함을 이끌 조건

행다선 명상의 실습

행다선은 연꽃을 피우는 수행

행다선 체험사례

텅빈 마음
茶香이며
거울같고
그 속에
더러움
생각
잠속따라
보이는 모습
텅빈 마음
밝고투명함이
虛空 같구나
가고 옴 없고
깨끗함 없어
없어지네
비추나니
각기달라
표현하네

어느 도둑의 독백

달빛 어스름한 어느 날 부잣집 담을 넘어
현관문을 따고 들어갔지.
그런데 희미한 불빛 아래 험상궂은 놈이
갑자기 나타나 나를 쳐다보지 않겠어.
나는 깜짝 놀라 도망치고 말았지.

지금 생각해 보니, 큰 거울에 내 모습이 비쳤던 거야.
속은 거였어.
그 일이 있고부터 내 인생은 엉망이 되고 말았어.
다른 사람이나 사물이나 보이는 것은
모두 거울로 보이는 거였어.
이제, 그 좋아하던 도둑질도 도저히 할 수 없어
때려치우고 말았지.
어떤 놈인가에 감시당하는 기분이고
한편으로는

내가 훔치는 것을 내가 보는 것 같아서
정신이 돌아버리는 것 같았어.

아, 큰 거울만 아니었다면
적당한 긴장감에 스릴을 느끼면서
계속 도둑질을 할 수 있었을 텐데….

행다行茶는 고요함을 이끌어냅니다. 고요함이란 일체 번뇌 망상이 일어나지 않는 상태이며 번뇌 망상이 제거된 상태입니다. 이러한 '고요함'은 한 대상에 집중하여 생각의 흐름이 중지되어 고요해지는 마음 상태[사마타관]를 말하며, 또 움직이는 모든 현상을 사유 통찰함으로써 고요해지는 마음 상태를 말합니다[위빠사나관]. 다시 말하자면 알아차림의 사마타관과 사유함의 위빠사나관으로 마음의 상태를 고요하게 할 수 있다는 것입니다.

사유와 알아차림이란 행다 할 때의 움직이는 몸과 마음의 모든 현상을 알아차리는 것이며, 또한 알아차림을 통한 사유로써 모든 것은 상호관계의 인드라망과 같이 서로 연결되어 있음을 알 수 있으며, 생명을 깨치게 하며, 그로 말미암아 의식이 부분에서 전체로 깨어나게 하는 지혜로 나아갈 수 있습니다.

행다를 통해 고요함을 이끌어내려면 다음과 같은 선행조건이 있습니다.

첫째, 행다 할 때의 장소와 모든 도구, 그리고 의례儀禮의 동작이 주의집중할 수 있어야 합니다. 이러한 조건이 마음의 고요함이 밖으로 표출되게 합니다.

둘째, 차 모임의 의미를 사유하고 통찰함으로써 행다선[23]을 할 수 있습니다.

셋째, 자기가 하는 모든 행위를 스스로 알면서 행할 때 행다선이 됩니다. 이 알아차림이 행다 할 때의 모든 동작이 자연스럽게 이어져서 주의집중을 이끌어냅니다.

---

23 거울의 단계이면서 공 지혜를 얻는 것이라 할 수 있습니다.

행다 할 때 고요함을
이끌 조건

　행다 할 때의 시간과 장소가 고요함을 이끌어내는 환경이면 최적입니다. 만약 음악을 이용할 경우에는 고요함과 편안함을 이끌어낼 수 있는 음악이 효과적입니다. 그리고 모든 도구는 찻잔의 크기와 모양과 색깔, 그리고 문양의 의미와 위치 등까지도 주의집중할 수 있는 것이어야 합니다. 그리고 찻잔을 들 때는 한 손으로는 찻잔을 연꽃송이가 피어 있는 것처럼 감싸서 들고, 다른 한 손으로는 찻잔을 든 손을 가볍게 받쳐주어서 안정감을 주어야 합니다.

　연꽃송이가 피듯 든다는 것의 의미는 연꽃의 상징인 청정과 정화의 의미를 시각적으로 보여주는 것으로 마음을 명료하고 편안하게 하는 효과가 있습니다. 그리고 연꽃의 모양이 아름다우므로 기쁨이 배어나게 합니다. 기쁨은 고요함[定]의 한 요소입니다. 두 손으로 받쳐 들 때는 합장하듯이 하여 너와 내가 하나임을 보여주며 공경과 내면의 무아가 드러나게 해야 합니다.

함께 하는 다선일 경우에는 다인들이 입는 옷의 모양도 중요
합니다. 색깔이 단정하고 수수하여 시각적으로 눈에 거슬리는
점이 없도록 함으로써 주의집중이 잘 되도록 합니다. 또한 시연
의 동작 역시 유연하여 모두 주의집중 할 수 있도록 해야 합니
다. 단 경건함이 지나쳐서 사관생과 같이 너무 절도 있거나 지나
친 의례는 도리어 긴장되고 경직되게 하여 번뇌를 일으키게 되
므로 주의해야 합니다. 정리하자면, 행다의 최적 환경인 고요함
을 이끌어 내기 위해서는 모든 움직임이 물 흐르듯, 꽃 피듯 자
연스러워야 합니다. 그래야 마음이 거울같이 됩니다. 곧 수류화
개水流花開가 행다선의 기준입니다.

  물은
  땅을 의지하여 흐르고
  꽃은
  봄바람을 만나 피듯
  의도 없는 행다
  돌 여자 아이 낳음이라

  인과의 모습
  그 사이에는

사람없고

자아없어

오로지

원인과 결과 뿐이라오

1. 상호수용의 이치를 듣고 새기기
문聞 – 듣기

차茶 모임의 의미[24]

생물과 무생물 모든 것이 그대로 인드라망입니다. 차 모임의 의미도 바로 이것입니다. 그래서 차 모임의 생명 살림을 사유 통찰함으로써 행다선을 할 수 있습니다.[25]

즉, 차 모임을 하며 차를 나누어 마신다는 것은 있는 그대로 열린 모임이고 그 자체가 수행이며 선禪입니다. 차를 주고받는

---

24 번뇌를 일으키는 것과 번뇌를 소멸시키는 것이 있습니다. 번뇌를 일으키는 것
    은 이것과 저것을 조합하여 있지도 않은 것에 의미를 부여하는 조작이며, 번
    뇌를 소멸시키는 것은 관계망의 진리를 사유하여 진실을 알아 조작하지 않는
    것을 의미합니다.

25 관계성 사유는 지혜를 일으킵니다. 탐욕과 성냄이 일어나지 않게 되는데 어리
    석은 무지가 없어지기 때문입니다.

사람들은 서로 다른 개체로 완전히 나누어져 있는 것 같지만, 차를 나누어 마실 때에는 서로 연결되어 하나가 됩니다.[26]

개개인은 부분이면서 동시에 전체이기도 합니다. 부분과 전체는 관계망[그물]으로 이루어지기에 살아있는 관계성입니다. 모임은 관계 속에서 살아 숨쉬는 것입니다. 모임이란 서로 받아들이지 않으면 성립할 수 없습니다. 서로 마음이 맞지 않아도 차 모임을 하고 함께 차를 마심으로써 그 관계가 회복될 수 있습니다.

왜냐하면, 행다선을 통하여 유와 무를 근거한 상견과 단견이 사라지고 탐욕과 성냄, 그리고 어리석은 무지가 사라지기 때문입니다. 그것이 바로 너와 나의 열림이며 상호수용인 연기緣起의 드러남입니다. 동시에 무아로서 깨어 있음이 됩니다.

관계란 개개인이 무아無我이면서 동시에 관계 속에서 너와 내가 살아있는 것입니다. 이러한 관계성은 차 모임에만 한정된 것이 아닙니다. 우리 삶의 모든 것이 이러한 관계 속에 있습니다.

앞에서 차 모임의 의미를 여러 가지로 설명했습니다. 그러나 이러한 설명 내용은 행다선을 한다고 해도 한눈에 파악되지 않습니다. 즉, 전체의식이 깨어나야 비로소 연기실상이 한눈에 들어오면서 부분적인 것까지 파악됩니다. 따라서 생명의 상호 열

---

26 행다선을 시연할 때 나타나는 현상이 바로 '아름답다'고 하는 것입니다. 함께 함은 아름답기 때문입니다. 함께 함은 균형이요 조화입니다.

림과 상호 작용의 연기를 앞에서 말한 차 모임의 과정을 통해 사유思惟하는 것입니다. 이 사유가 곧 생명의 연기실상을 자각하게 합니다.

2. 상호수용을 사유하여 지혜를 얻기
사思 - 사유

차 모임의 상호수용을 통찰하게 되면 생각의 내용이 달라지기 시작합니다. 왜냐하면 행다行茶는 바로 본질에 대한 통찰 사유이기 때문입니다. 차 모임에서 가슴을 열고 수용하는 것이 바로 상대방의 눈이 되고, 일체중생의 경험을 내가 경험하기 시작합니다.

나아가 '나[我]'라는 생각에 근거하는 판단이 아니라, 상대방의 입장에 서서 상대방의 판단으로 다시 바라보게 됩니다. 이때 '나'는 존재하지 않는 '무아' 그대로입니다. 이러한 현상이 바로 진리[연기실상]의 드러남입니다. 이렇게 행다선을 하며 관계성 사유와 통찰을 통해 삶이 근본적으로 바뀌고 창조적 삶을 살게 됩니다.

단지 우리는 이러한 사실을 자각하지 못하고 있을 뿐입니다. 이제, 이러한 이치를 자각하는 것이 바로 행다선行茶禪이며, 행다를 하는 순간순간을 자각하기 때문에 부분적인 생각의 흐름이 그쳐지면서 의식이 무아의 자각이 있는 전체의식으로 깨어 납니다. 그러나 차 모임인 행다行茶를 하는 순간순간 무아로서 의식이 깨어 있게 하려면 자기가 행하는 모든 행동을 알아차려 야 합니다.

일례로 가족관계 회복을 위한 명상을 들어보겠습니다. 우리는 가족과 차를 마시면서 관계망을 사유하게 되고, 차 한 잔을 나누 어 마심이 연기 실상을 드러낸다는 것을 자각합니다. 즉 모든 존 재가 고정되어 있고, 독립되어 있고, 분리되어 있고, 스스로 존 재하는 것이 아니라 모든 것은 변하고, 상호의존하고, 실체가 없 다는 것을 알게 되는 것입니다. 이런 가족관계 회복 명상이 확대 되면 사회, 국가, 인류, 자연계, 우주로 적용될 수 있습니다.

가족관계 회복을 위한 행다 실습

1. 다실을 꾸민다.
2. 가족을 초대한다.
3. 행다를 한다.
4. 축원한다.

3. 일체 동작을 스스로 알면서 행하는 행다선
수修 - 체험

상호관계를 회복하는 방법

스스로 알면서 행하는 수修는 알아차림, 마음 챙김, 깨어 있음의 뜻이 들어 있습니다. 행다를 하는 순간순간 알아차림을 하여 행다하는 모든 행위에 느끼려고 하지 않고, 감정과 생각을 덧붙이지 않으며, 의미를 부여하거나 다른 것과 결부시키지 않고, 없애려고 하지 않게 합니다. 밖으로부터 들어오는 어떤 현상에 대해서도 시비하지 않게 합니다.

나아가 대상의 무상에 대한 알아차림은 모든 행위에 느끼려고 하는 마음을 중지시키고, 감정과 생각을 덧붙이려고 하는 마음을 중지시키고, 의미 부여나 다른 것과 결부시키려고 하는 마음을 중지시키고, 없애려고 하는 마음을 중지시키고, 밖으로부터 들어오는 어떤 현상에 대해서도 시비하려고 하는 마음을 중지시킵니다.

즉, 의도하지 않는데도 저절로 일어나는 마음을 그치게 하고 의도적으로 마음을 일으키는 것을 중지시키는 것입니다. 이 알아차림에 의해 마음은 순수해지고 깨어나기 시작하며 대상에 대해 해방감을 맛봅니다. 사물, 감정, 생각으로부터 자유로워지는 것입니다. 즉 어떠한 대상으로부터 해방감을 주며 대자유인으로 전환시켜 줍니다.

　그리하여 모든 것은 고정되고 독립되고 분리되어 '스스로 존재 한다'는 잘못된 견해가 일어나지 않게 하고, 도리어 연기실상을 드러내는 것입니다. 연기실상이 드러날 때 번뇌 망상은 끊어지게 됩니다. 이것은 곧 마음을 대상으로부터 챙기면서 행위하는 몸과 입의 고요함을 통해 마음의 고요를 얻고 마음을 이치에 맞게 깨어나도록 이끌어 갑니다.

순간순간 깨어 있으라

행다하는 순간순간 모든 동작 알아차려
감정과 생각 덧붙이지 않으면
현재 순간에 늘 깨어 있으리니
과거와 미래로 마음 흘러가지 않으리라

없는 과거를 회상함은 죄책감 생기어
미혹에 빠지는 무지 일어나며
있지도 않은 미래를 생각함은 불안감 생기어
무명의 바람에 흔들려 생명 위태하네

눈을 뜨자
과거를 기억하는 그 회상은 현재이며
미래를 생각하는 그 추상도 현재이니

알아차림을 통해 현재 순간에 깨어 있으라

현재 순간이 무시간의 영원이며
머리 없고 꼬리 없어 불생불멸이며
잡을 만한 모습 없어 무상이며
너 나 경계선 사라져 무경계, 무분별이니
삶과 죽음의 모든 속박에서 해방되리라

자기가 하는 모든 행위를 스스로 안다는 것은 자각한다는 것이며 직관直觀이며 알아차린다는 뜻입니다.[27] 이 알아차림에 의해서 차 모임이 상호 수용이며 상호 열림임을 이해하고 체험하게 됩니다. 이 체험으로 개인주의적 자아대립과 감정의 속박이 사라진 평온의 마음 상태가 되면서 무아의 지혜가 열리기 시작합니다.

알아차림은 생각이 아니라 보는 것입니다. 생각은 머릿속에서 일어나는 것이며 거기에는 자아가 들어가 있습니다. 이 '나'라는 생각은 곧 '너'를 만들어냅니다. 그리고 너와 나는 상호관계로 파악되는 것이 아니라 독립된 개체로 인식되면서 대립과 투

---

27 상호 열림의 연기실상, 즉 관계성 사유를 거친 다음의 알아차림은 곧 직관이 되어 사유과정을 거치지 않고 직관으로 그 대상을 파악하며 파악된 대상은 상호관계, 즉 연기실상으로 나타납니다.

쟁의 대상으로 상호 단절이 일어납니다. 이것은 생명 살림이 아니라 생명 죽임이 됩니다. 이는 상호 수용과 열림[緣起]이 생각에 가려져 일어나는 현상입니다. 그러나 '봄'은 생각이 아닙니다. 생각이 아니므로 '무아'입니다. 알아차림이 되면 모임의 상호 열림이 일어나 불편한 모든 것은 사라집니다.

알아차린다는 것은 자기가 하는 것을 스스로 아는 것입니다.[28] 차를 따르고 찻잔을 조심스럽게 들고 놓는 등의 일체 동작들을 스스로 자각하면서 하는 것입니다. 이렇게 알아차리면 머릿속에서 일체 생각이 일어나지 않게 되어 고요와 평온이 일어나고 의식이 명료해지며 깨어납니다. 왜냐하면 알아차림으로 정성을 다하는 것은 바로 주의집중이며, 자기 비움이며, 상대방에게 끌려가지 않음이며, 자기가 자기를 아는 방법이며, 마음 챙김이며, 깨어 있음이기 때문입니다. 이때는 상대를 주관적 시각으로 고정하거나 자신을 내세우는 등의 번뇌는 일체 용납이 되지 않기에 깨어 있는 상태를 유지하게 됩니다.

---

28 번뇌의 흐름을 끊습니다. 고요함과 지혜가 생기며, 볼 때는 봄만 있고 들을 때는 들음만 있게 합니다. 즉, 촉觸·작의作意·수受·상想·사思의 오변행심소五遍行心所 가운데 수受에서 고苦·락樂·사捨가 있습니다. 고는 바로 십이연기의 노사老死와 연결되며 사는 무명無明과 연결됩니다. 락은 애愛·취取·유有·생生·노사老死로 연결됩니다. 알아차림은 바로 고는 고에서, 락은 락에서, 사는 사에서 그치게 하여 12연기의 윤회의 흐름을 끊습니다.

그뿐만 아니라 다각茶角에 차를 정성스럽게 우려내어 손님에게 차 공양을 올리는 것도 자신의 마음을 비우는 작업입니다. 차 공양 받는 손님 또한 그 순간에는 빈 마음이 됩니다. 이렇게 알아차림의 자기 비움은 곧 대립을 벗어난 상호 수용과 열림의 현현입니다. 즉, 알아차리는 순간순간 차 모임이 진리[연기]의 현현입니다.

그래서 한 잔의 차를 마시는 과정이 그대로 빈 마음으로 서로 수용하므로 상입相入이며, 수용하여 너와 나를 하나로 열어서 구별이 사라지므로 상즉相卽입니다. 즉, 차 한 잔을 마시는 과정이 그대로 상즉상입의 연기를 드러내는 것입니다.

즉, 다관을 잡으러 가는 손의 움직임과 감각, 다관과의 접촉, 들 때 다관의 무게, 물의 무게, 물이 떨어지면서 내는 소리와 바닥에 닿는 접촉에 의한 느낌, 손과 몸의 모든 동작 등에 대해 단지 알아차림만 하는 것입니다. 동작이 일어나기 전에 의도가 포착되면 그 의도를 알아차려야 합니다.

이렇게 행다를 해 가면 접촉하는 대상으로부터 내 마음을 챙기게 되고 깨어나는 의식은 대상과 일치를 이루고 일체감이 생깁니다. 일체감이 이루어질 때는 마음이 동요하지 않습니다. 동요 없는 마음[禪定]이 생기면 '나'라는 생각에서 벗어납니다.

이때부터 대상을 있는 그대로 보게 됩니다. 즉, 대상에 대해 감정과 생각을 덧붙이지 않습니다. 오히려 감정과 생각에서 자유로워지는 순간이며 또 의미 부여하고 결부시키는 마음이 떨어져 갑니다.

알아차림 명상 실습

찻잔 잡으러 가고, 찻잔 잡고, 마시는 일체 모든 행다를 알아차림 합니다. 구체적으로 움직임과 접촉에 따른 느낌을 알아차립니다. 예를 들어 찻잔을 잡기 위해 손을 뻗칠 때 공기와 접촉에서 일어나는 시원한 감각을 즉각 아는 것입니다. 또 잔을 잡을 때 느낌을 즉각 알아차리는 것입니다.

간단하게 알아차림 명상을 하기 위해 미리 찻잔에 차를 담아두고 다음과 같이 해봅니다.

◎ 동종을 울린다. (동종이 없으면 죽비를 친다.)

▷ 동종소리에 따라 시선을 코 끝에 고정시킵니다. (10여초)
▷ 숨을 들이쉬고 내쉬면서 몸과 마음의 반응을 살핍니다.
▷ 찻잔과 차 물색을 봅니다.
▷ 찻잔을 잡으러 갑니다.
▷ 찻잔을 잡습니다.
▷ 찻잔을 들고 당깁니다.
▷ 차 물빛을 보고 차향을 맡습니다.

▷ 찻잔을 입으로 가져 갑니다.

▷ 차를 마시면서 차 맛을 음미합니다.

▷ 찻잔을 내려 놓습니다.

▷ 시선을 코 끝에 두고 몸과 마음의 반응하는 현상을 가만히 주시합니다.(10여초)

▷ 죽비 소리에 맞춰 끝냅니다.

이러한 알아차림의 효과를 확인하기 위해 다음 세 가지 방법을 적용해봅니다. 먼저 1과 2를 비교하고 다시 2와 3을 비교하면서 알아차림의 효과를 확인합니다.

1. 그냥 찻잔 잡으러 가는 방법
2. 명상언어의 길잡이에 따라 찻잔 잡으러 가는 방법
3. 명상언어의 길잡이 없이 찻잔 잡으러 가는 방법

4. 알아차림에 대한 바른 이해와 주의사항

알아차림에 대한 바른 이해 — 정념正念

여기서 주의해야 할 것이 있습니다. 즉, 알아차림에 대한 개념과 알아차리는 대상에 대하여 바르게 알아야 합니다. 즉, 알아차림은 대상을 안다는 뜻인데 그것도 변하는 대상을 알아야 하기

때문에 '알아차림'이라고 하는 것입니다. 고정되어 보이는 대상
에 대해서는 '안다'라고 하기가 쉽지만 변하는 대상은 주의 깊게
보지 않으면 놓치기 때문에 '정신 차려' 하듯이 '알아차림'이라
고 하는 것이며, 또한 변하는 대상을 '시간차 없이 즉각 아는 앎'
을 알아차림이라고 합니다.

　알아차림은 현재 이 순간의 현상에 대한 것입니다. 주객이 만
나면 현상이 생깁니다. 생긴 것은 반드시 사라집니다. 이러한 현
상을 법法이라고 합니다. 곧 법이란 대상을 의지하여 존재하는
것이지 자립적으로 존재하는 것이 아니며 다른 것을 의지하지
않고 저절로 생기지 않는다는 것을 뜻합니다.

　그래서 알아차림은 안으로 몸과 마음과 밖으로 사물의 현상
이 고정되어 있지 않으므로 변하며, 상호 의존하여 둘이 아니며,
내재하는 것이 없으므로 비어 있음을 드러냅니다.

　즉, '언어문자'와 '생각'은 대상을 독립 고정시키고 다른 것과
분리시키며 실체를 가지고 스스로 존재하는 것 같이 착각을 일
으킵니다. 보이는 것과 그 대상은 전혀 일치하지 않음을 알아차
림을 통해 알 수 있습니다. 즉, 말과 생각을 떠나는 방법이 알아
차림이기도 합니다.

　행다 할 때는 먼저 몸에 일어나는 현상을 살핍니다. 즉, 오감
의 대상은 모두 감각입니다. 시각의 대상은 빛깔과 모양인 차

茶 색이며 청각의 대상은 차물 떨어지는 소리, 찻잔 부딪치는 소리이며 후각의 대상은 차 향기이며 미각의 대상은 차 맛이며 촉각의 대상은 찻잔 잡을 때의 촉감과 목으로 넘어갈 때의 무게감 같은 감촉입니다. 이 오감의 대상만이 아니라 이 오감의 대상에 의해 촉발되는 감정, 생각 등도 알아차림의 대상입니다.

잘못을 바르게 앎 — 정지正知

법을 관찰할 때 생겨나지 않은 것을 생긴 것으로 미리 알아차리고 관찰하려고 하면 안 됩니다. 또한 아직 사라지지 않았는데 미리 사라진 것으로 알아차림 하면 안 됩니다. 안 생긴 것을 미리 알아차리는 것은 알아차림이 아니며, 억지이며, 조작입니다.

아직 안 생긴 것을 알아차리려는 억지는 돌 여자가 아이 낳는 것과 같고 생긴 적이 없는 자식을 찾는 것과 같습니다. 아무 현상을 알아차린 것이 없게 됩니다. 그러므로 현재 이 순간의 알아차림 아닌 알아차림은 억지 부리는 것일 뿐입니다.

말하자면, 느낌[현상]이 안 생겨났는데 느끼려고 하는 것[마음]과 같습니다. 느끼려고 하는 것은 바로 억지로 하는 것입니다. 그래서 현상이 나타날 때 알아차려야 하는 것입니다. 접촉했을 때 일어나는 현상을 알아채는 것은 마치 거미줄에 먹이가 걸릴 때 거미가 그 먹잇감을 낚아채듯이 하는 것입니다. 나타나지 않는 대상에 마음을 내는 것은 옳지 않으며 나타나는 현상을 알아차리지 않아 놓쳐버리는 것 역시 명상이 되지 않습니다.

예를 들면, 찻잔을 잡으러 갈 때, 접촉도 하기 전에 잡으러 '감' 하고 생각하고 잡으며, 찻잔을 들 때도 먼저 '듦'하고 생각을 하고 드는 것과 같습니다. 이렇게 하면 잡는 생각과 드는 생각만이 있을 뿐 접촉에 의해서 일어나는 현상은 알 수 없게 됩니다. 이렇게 하는 것은 아직 나타나지 않는 대상을 미리 결정하여 마음을 내는 것입니다.

즉, 자신의 모든 행위를 한발 물러서서 비춰보는 거울이 없다는 것입니다. 비춰보는 거울이 되지 않음은 명상이 아닙니다. 크게 마음을 내어서 하는 것도 마찬가지입니다. 잡으려고 마음을 내어 [크게 의도하고] 잡거나, 들려고 마음을 내어서 [크게 의도하고] 들면, 그 의도한 마음 때문에 상호접촉에 의한 현상을 알 수 없습니다. 여기에는 의도하는 마음만 있게 되는 것이므로 일어나고 사라지는 정신적, 물질적 현상의 진실을 모르게 됩니다. 이러한 마음과 생각은 바로 조작하는 업業이며, 진실을 모르는 무지입니다, 즉 미혹의 상태입니다.

그러면, 행다선 할 때 아직 안 생긴 것을 미리 보려고 하거나 미리 생각하는 것을 알아차리지 못할 때 일상생활에서는 어떤 일이 벌어질까요?

자기 자신이 어떤 일을 주도적으로 또는 능동적으로 추진하려 할 때 또는 대인관계를 가질 때 자신의 뜻대로 되어야 되며, 만약에 자기의 뜻대로 되지 않으면 스스로 괴로워합니다. 그리고 그 원인을 남에게 있다고 생각하는 오류를 범하게 됩니다. 왜냐하면 상대방이 처한 사정, 주변 환경이나 흐름이 있는지 없는지 모르는 상태이며 자기의 감정, 생각, 처한 상황도 전혀 알지 못하는 상태로 자기 생각이나 의도만 있기 때문입니다.

다시 말하면, 호흡할 때 숨을 내쉰다고 생각을 먼저 하고 내쉬고, 들이마신다고 먼저 생각하고 숨을 들이마시는 것과 같습니다. 이때 곧바로 호흡곤란 증세가 일어납니다. 즉, 호흡에 의식이 개입하여 일어나는 현상입니다.

잘못을 알아 바르게 대하여 치유한다 — 대치大治

접촉에 의한 현상을 잘 알아차릴 때

과거는 지나가서 없으니

과거는 기억만으로 존재하므로 그 기억은 현재이며

미래는 오지 않아 없으므로

미래를 추상하는 그 추상도 현재이며

현재도 머물지 않으므로

의식은 현재 이 순간순간 늘 깨어 있습니다

깨어 있는 마음은 거울[鏡]과 같이 되어 자신의 모든 것을 알면서 행하게 되고 점점 마음에 일어나는 번뇌망상이 줄어들어 감정의 찌꺼기가 사라져 가므로 [고요함] 나의 주변과 상대방의 처한 사정 등의 흐름까지 객관적으로 보게 됩니다. 즉, 바른 앎 [지혜]이 생겨서 궁극에는 삶의 문제만이 아니라 죽음의 고통까지 뛰어넘을 수 있습니다. 마음이 청정해지기 때문입니다.

알아차림이 약하거나 놓칠 때
엉뚱한 길로 감을 아는 것이 정지正知요

바르게 아는 앎을 의지하여 잘못을 다스릴 때
다시 바르게 가게 되니 이것이 대치對治이니

모든 것 불이不二임을
바르게 아는 정견에 의지하여
느끼려고 하는지 살피고
감정과 생각을 덧붙이고 있는가 살피고
의미부여 하는가 살피고
다른 것과 결부시키고 있는가 살피고
억지로 조작하고 있는가 살피고
없애려고 하는가를 알아차려
말과 생각의 가면에서 벗어나
연기실상 드러나 지혜 발화하니

모양의 속박에서 벗어나고

마음속 숨어 있는

과거 해로운 인연 트라우마의 속박에서 벗어나리

5. 수류화개의 행다선

의식이 각성하여 진리를 깨쳐가는 과정

행다선 할 때 마음이 거울[鏡]이 되려면 수류화개水流花開의 모습대로 하면 됩니다.

첫째, 먼저 수류화개를 생각합니다. 인위적인 것이 배제되어 있습니다. 즉, 미리 느끼려고 하거나 생각으로 미리 조작하는 것이 없습니다.

둘째, 다음 행다의 모든 움직임[동작]을 주시하여 알아차림 합니다[鏡]. 그리하여 행다 하는 모습은 물 흐르듯, 꽃 피듯 자연스러워집니다.

셋째, 이렇게 자연스러움은 잘 집중되고 있음을 말합니다. 즉, 행다 하는 순간순간 보이고 들리며 접촉되어 감지되는 현상을 잘 알아채는 것입니다. 그렇게 하면 수류화개의 행다가 절로 나옵니다.

넷째, 거울같은 알아차림과 수류화개의 행다가 하나 되어 흐르게 됩니다.

다섯째, 이때 행다 하는 본인의 몸과 마음이 가벼워지기 시작하며 기쁨이 생기고 의식이 절로 확장되어 커집니다. 또한 바람 한 점 없는 맑은 호수와 같이 번뇌가 일어나지 않는 고요와 평안함이 생기며 거울같이 대상이 비치기 시작합니다. 그리고 행다 하는 모습을 다른 사람들이 볼 때 그들이 느끼는 감정은 한마디로 '아름답다'라고 느끼며 마음에 기쁨이 생기고 평안해짐을 알게 됩니다. 이것이 행다선의 현상입니다.

여섯째, 비쳐진 대상은 거울 속 영상과 같아 실체가 없는 공이며 자아 없는 무아로서 환영에 지나지 않음을 알게 됩니다[지혜].

행다선 명상의 실습

1. 명칭을 통한 통찰명상

행다선에는 죽비 신호로만 진행하는 행다선과 명상언어로 진행하는 행다선 두 가지가 있습니다.

명상언어 행다선에서 남들에게 보여주기 위하여 명상언어를 사용하면 참여자들은 지루하게 느끼며 명상에 들 수 없게 됩니다. 그리고 명상언어에 자기감정을 넣으면 그 감정에 걸려 명상이 되지 못하게 합니다. 또 음성에 힘을 주거나 늘어뜨리는 것도 명상을 방해하는 요인이 됩니다. 순수한 자연 그대로의 음성이 효과적입니다.

관계형성에 대한 통찰 사유를 하기 위해 언어문자의 특성과 한계를 자각하여 사물과 직접 대면하는 관계형성에 대한 이해를 얻습니다.

　명칭을 통한 통찰명상을 하기 전에 먼저 차상을 포함한 차 도구 일체에 대하여 명칭 붙이기를 해본 다음, 아래와 같이 명상을 시도해봅니다.

첫째, 명칭은 대상을 분리시키고 부분만 보게 한다.
◎ 동종을 쳐서 시작을 알린다. (동종이 없으면 죽비를 친다.)

▷ 시선을 코 끝에 두었다가 숨을 들이쉬고 내쉽니다.
▷ 차상 위에 있는 찻잔, 물 식힘 그릇, 다관, 차통 등등을 명칭을 붙이기 전에 한눈으로 지켜봅니다.
▷ 그 다음 명칭을 붙여봅니다.
▷ 이 때 명칭을 붙였을 때는 차 도구 하나하나가 분리되고 부분으로 인식되며 각각 스스로 존재하는 것처럼 보이는 현상을 이해합니다.
▷ 그 다음 명칭을 붙이지 않고 차상에 있는 차 도구 전부를 놓여 있는 그대로 봅니다.
▷ 차 도구들이 놓여 있는 그대로 볼 때는 하나하나가 분리되어 있지 않고 연결되어 있으며, 고유의 실체성을 갖고 있지 않음을 즉각 알아차리고 체험합니다.

둘째, 명칭은 대상을 독립시키고 고정시킨다.
◎ 동종을 쳐서 시작을 알린다.

▷ 시선을 코 끝에 고정시킵니다.(10여 초)

▷ 숨을 들이쉬고 내쉬면서 몸과 마음의 반응을 살핍니다.

▷ 다관에 차를 넣고 물을 붓고 차를 우리는 등 행다를 시작합
 니다.

▷ 이때 행다 하는 순간순간 움직이고 있음을 알아차립니다.

▷ 아는 대상이 고정되어 있지 않음을 즉각 이해합니다.

▷ 차 도구 일체가 유기적인 관계임을 이해합니다.

▷ 행다 하는 동작 전체가 순간순간이며 과거는 지나가서 없고
 미래는 오지 않아 없으며 현재도 머물지 않음을 이해합니다.

▷ 행다 하는 주체로서의 자기 자신과 차 도구 일체는 원인과
 조건에 의하여 상호작용에 의하여 결과가 일어남을 이해합
 니다.

▷ 상호의존하는 것은 불이不二임을 알아야 합니다.

▷ 독립된 자아나 실체성을 가지지 않음을 알아차립니다.

▷ 현재 순간에 의식이 깨어나거나 깨어 있음을 체험하고 있는
 지 자각하여 확인합니다.

▷ 명칭만이 아니라 생각을 덧붙이거나 명칭과 생각에 결합될
 수 있는 감정과 견해가 일어나기만 해도 대상을 독립고정시
 키고, 분리시키며, 스스로 실체를 가진 존재로 착각함을 이해
 합니다.

◎ 명칭붙이기 명상이 끝났음을 알리는 죽비를 친다.

2. 사유를 통한 통찰명상

　명칭붙이기를 통한 상호형성에 대한 이해를 더 구체적인 사유통찰 명상을 통해 정견正見을 세우고 체험하도록 합니다.

　사유란 생각입니다. 특히 볼 수 없고 만질 수 없는 대상을 사유하여 진실을 규명합니다. 즉, 직관으로 알기 어려운 무無나 공空을 인식대상으로 하여 파악할 수 있습니다.

　사유의 기능에는 첫째, 사물이나 누구를 생각한다고 했을 때 생각은 화살로 겨냥하듯이 생각하고 있는 대상에 겨냥하는 뜻이 있습니다. 즉 집중입니다. 둘째, 그 대상을 분석하고 해체시키는 뜻이 있습니다. 셋째, 분석 해체를 통해 진실이 드러나도록 합니다.

　사유를 통한 통찰명상을 아래와 같이 실시해봅니다.

◎ 시작을 알리는 동종을 울리거나 죽비를 친다.

▷ 동종의 신호 소리를 들으면서 편안히 숨을 들이쉬고 내쉬면서 눈을 감습니다.

▷ 차방을 상상으로 시각화합니다.

▷ 차상을 앞에 두고 차상 위에 다관, 수구, 명상찻잔, 물 끓이는 도구 등 다구 일체를 하나하나 갖춥니다.

▷ 왼쪽 벽에는 '다선일미茶禪一味'라고 쓴 족자를 걸어 두고, 뜰
  앞 연못에는 '연꽃이 활짝 피어 있음'을 시각화합니다.
▷ 차상 앞에 조용히 마음을 가다듬고 앉아 있음을 상상합니다.
▷ 상상으로 다관에 차를 넣고 따르고, 우려낸 차를 명상찻잔에
  따릅니다. 이제부터 차를 매개로 서로 관계 형성을 사유통찰
  합니다.

□ 이 사유를 통하여 안으로는 몸과 마음의 관계, 밖으로는 자아
  와 비자아非自我와의 관계, 자기와 부모, 형제, 부부, 자녀와의
  관계, 자기와 사회와의 관계, 자기와 자연환경과의 관계 등을
  살펴보는 것입니다. 그리고 차와 다기 등 차 도구가 있어 한
  잔의 차 맛이 있음을 함께 사유통찰합니다. 사유통찰은 순서
  대로 이어갑니다.

□ 상상의 다실을 시각화하는 것에는 여러 가지 뜻이 있습니다.
  상상하는 것은 고도의 집중력을 키우며 상상의 내용 그대로
  실현될 수 있도록 마음을 익히는 것입니다. 다실을 상상하는
  내용 속에 '다선일미'의 족자를 걸어 놓는 것은 행다선의 목
  적이 깨달음이기 때문입니다. 그리고 뜰 앞 연못의 '연꽃이
  활짝 피어 있음'은 깨닫는 순간을 상징하는 것입니다.

□ 명상언어로 명상을 인도하는 사람은 행다선 수행자들의 이

해를 돕기 위해 명상언어를 다르게 첨가하여도 됩니다.

▷ 차상 위에 놓인 명상찻잔의 차 맛을 음미하면서 이 차 맛이 여러 조건에 의해 발생함을 생각합니다. 그리고 우주와 하나로 연결되어 있음을 시각화하여 다음과 같이 관계망의 이치를 생각합니다.

① 차 맛이 찻물과 혀와 미각의식의 삼자의 화합으로 인하여 발생함을 이해합니다.

② 이 차 맛은 차의 도구 일체와 자신과 연결되어 있으며 차 맛을 느끼게 하는 연결고리로서 차 따는 사람, 차 만드는 사람, 차나무, 흙, 빗물, 햇빛, 바람, 공간 등의 인연에 의해 차 맛이 있음을 압니다.

③ 차 맛을 일으키는 이 모든 것은 원인과 조건의 상호작용으로 인하여 하나로 연결되어 둘이 아님을 통찰함으로써 차 맛의 뜻의 연기를 드러냅니다.

④ 차 맛의 발생과 연결의 뜻을 통하여 차 맛의 부분이 전체를 이루고 전체 속에 부분이 존립함을 생각합니다. 그러므로 부분과 전체의 상호 의존함을 통하여 분리되어 있고 별개라

는 잘못된 생각을 타파합니다.

⑤ 따라서 부분은 전체이며, 전체는 부분으로 전체와 부분은 동등함을 생각합니다. 이분법적 사고로 인한 차별을 타파하여 모든 존재가 평등한 하나의 성품임을 사유하고 이해합니다.

⑥ 부분과 전체가 동등함으로 우주의 인드라망, 세계의 물류 유통연결망, 인터넷망, 인체의 신경망, 이 모든 망의 근원이 앎에 의해 주객이 하나로 연결되고, 마음의 망 하나로 연결되어 둘이 아님을 생각합니다. 모든 존재가 상호 의존하므로 독립된 것은 없음을 이해하고 망網이 '마음의 망'임을 이해합니다.

⑦ 상호의존하므로 시간상으로 끊임없이 변하는 무상無常이요, 무상을 통하여 모든 존재는 형상이 없음을 알게 됩니다. 그러므로 변하지 않고 고정되어 있고 독립되어 있다고 알고 있는 것은 '잘못된 견해'임을 알고 그 잘못된 견해를 버립니다.

⑧ 생긴 것은 사라지고 형성된 것은 무너지게 되므로 대상이 고정되어 있고 분리되어 있고 스스로 존재한다고 생각하고 집착함은 괴로움임을 이해합니다. 몸과 사물의 소유는 즐거움이라는 잘못된 견해를 버립니다.

⑨ 또한 둘이 아니므로 개체의 자아란 존재하지 않음을 사유 통찰합니다.[29] 유아有我라는 잘못된 견해를 버립니다.

⑩ 또한 모든 존재가 상호의존하여 연기하므로 자성이 없어 공함을 사유하여 이해합니다. 모든 존재가 실체를 주장하는 불멸의 자체성품[自性]은 존재하지 않음을 알게 되어 자성의 잘못된 견해를 버립니다.

⑪ 결론적으로 연기법을 듣고 사유 분석해 가면 연기란 모든 존재가 타他를 의존하여 존재하므로 최초의 원인인 처음과 끝이 없고 내재하는 것이 없어 공입니다. 그러므로 잘못된 견해는 마음의 문제이므로 마음에 집중하여 '마음의 연기공'을 보아야 함을 알 수 있습니다.

말과 생각은 대상을 고정화시키고 실체화 하는 데서 잘못된 견해가 생깁니다. 그러므로 있음과 없음이 분명하고 처음과 끝이 있습니다. 하지만 상호의존은 발생의 원리이며 변하므로 고정되어 있는 유有가 아니며 변하므로 없어지는 무無가 아닙니다. 변하므로 처음을 정할 수 없고 변하므로 끝을 정할 수 없어 언어와 생각의 한계가 옵니다. 그래서 '이것이다'

---

29 찰흙이나 밀랍 덩어리가 있다고 가정해보면, 아무리 잘라도 부분은 전체와 같은 이치입니다. 그러므로 개체의 자아는 찾아볼 수 없습니다.

라고 결정할 수 없으며, 내재하는 그 무엇도 생각으로 찾을
수 없음을 알고 더 이상 나아갈 수 없는 벽을 느끼게 되므로
말과 생각을 떠나야만 이 벽을 넘어 갈 수 있다는 것입니다.

▷ 이런 관계성을 알아채게 되면 상상의 다실에서 벗어나 살며
시 눈을 뜹니다. 차상 앞의 차를 음미하면서 이 맛이 우주와
하나로 연결되는 이치를 시각화하여 보면서 마무리 합니다.

◎ 끝나는 죽비신호를 보낸다.

위와 같이 명칭을 통해서든 사유를 통해서든 관계성 통찰사
유를 하게 되면 다음과 같이 모든 것을 객관적으로 보는 힘이
생깁니다.

첫째, 늘 새로운 사실들을 알게 됩니다. 즉, 원인과 조건의 결합
은 그 결과는 같은 것이 하나도 없음을 이해하게 됩니다. 따라서
순간순간이 늘 새로운 사실을 창출하게 됨을 아는 것입니다.[30]
둘째, 똑같은 것이 없고, 새로운 것이라고 생각되는 것도 이것
과 저것의 조합에 의한 것이므로 모든 것은 꿈같고 물에 뜬 달
같은 환영임을 알게 됩니다.

---

30 인연의 이치는 영감이 생기고 창의력, 아이디어, 독창성이 생기는 원리입니다.

만일 이것이 생각이라면 앞생각과 뒷생각이 연결 결합할 때 새로운 생각이 창출됩니다. 또 지난날 일어난 생각과 오늘 들은 새로운 이야기가 결합하여 새로운 생각이 만들어지고 기억되는 것입니다. 여기에 자신과 관련되는 것이라면 자기 합리화시키기 위해 감정과 생각이 덧붙여집니다. 이 때 새로운 생각과 기억이 생깁니다. 이것이 소문으로 발전하여 존재하지도 않는 것이 있는 양 이야기되기도 하며 아는 사람들에게 사실인 양 이야기하게 됩니다. 그리하여 당사자나 많은 사람을 불편하게 하기도 합니다. 본인의 머릿속에서 이렇게 심증만 있던 것이 다른 생각과 결합하는 순간 사실로 둔갑하여 기억되고 사실인 양 이야기합니다. 다른 사람이 볼 때 그 사람이 거짓말하는 것처럼 보이지만, 말하는 자신은 그것을 진실로 생각하고 이야기합니다. 자신도 그럴 수 있기 때문에 이러한 사실을 알게 되면 꿈 같고 물에 뜬 달 같은 환영임을 알게 되고 어느듯 남을 이해하게 됩니다.

셋째, 또한 상호관계가 연관되어 연쇄반응이 일어나기 때문에 변화와 시간의 이치를 이해하게 됩니다.

넷째, 모든 것과 상호소통이 생김을 알게 됩니다.

다섯째, 모든 것이 둘이 아닌 하나임을 이해합니다[不二].

여섯째, 나와 남이라는 경계선이 없어짐을 이해합니다[無境界-無分別].

일곱째, 조작이 없어지며[無造作], 맹목적이고 습관적인 것이 없어집니다. 즉, 업의 장애가 소멸함을 이해합니다.

여덟째, 최종에는 자아가 사라집니다. 즉, 무아·공임을 깨치게 되어 모든 것과 소통이 이루어지면서 어떤 것도 자기 몸처럼 아끼는 진정한 자비가 실현됩니다. 즉, 자기 것을 상대에게 주어서 기쁨을 일으키고 상대의 고통을 빼앗아 없애 주는 것을 이해합니다.

3. 자기 차 마시는 행다선

이제 통찰사유에서 벗어나 실제 행다로 들어갑니다.

사유통찰명상에 이어서 합니다. 만일 각각 할 때는 다시 시작을 알리는 종을 울리거나 죽비 신호로 다실을 시각화하는 것을 시작으로 하여 다시 하면 됩니다.

◎ 시작을 알리는 동종을 울린다.

▷ 동종소리 따라 시선을 코 끝에 고정시킵니다.(10여초)

▷ 숨을 들이쉬고 내쉬면서 몸과 마음의 반응을 살핍니다. 그리고
   자신의 몸을 주시하고, 또 앞에 놓인 차 도구도 주시합니다.

▷ 모든 동작의 감각을 알아차리고 다관에 차를 넣고 물을 붓습
   니다.

▷ 차를 우려내어 찻잔에 찻물을 조심스레 따릅니다. 이때 찻물
   이 떨어지는 소리와 찻물이 찻잔 바닥에 닿을 때의 느낌을
   알아차립니다.

▷ 찻잔에 차를 다 따르고 난 뒤 가만히 앉아 찻잔과 차의 모양

과 빛깔을 주시합니다.

▷ 이제 천천히 손을 뻗어 찻잔을 잡으러 갑니다. 손을 움직이는
동작마다 느낌의 변화를 알아차리면서 찻잔에 손이 닿았을
때의 촉감을 주시합니다.

(찻잔 들고 주시하기)

▷ 잔을 들어 올릴 때의 무게감을 알아차리고, 몸 쪽으로 잔을
가져오는 동작마다 그 움직임 하나하나를 주시합니다.

(찻잔 입으로 가져오고 차의 물색 주시하기)

▷ 잔을 입으로 가져오면서 찻잔의 차의 물빛을 주시하고, 잔 속
에 담긴 연꽃도 바라봅니다.

(촉감 알아차리기)

▷ 잔이 입에 닿을 때의 촉감을 알아차립니다.

(차향과 차 맛 음미하기)

▷ 천천히 차향을 느끼고, 차를 조금씩 마시면서 차 맛을 감지합
니다.

▷ 몸에 일어나는 반응, 생각, 감정의 움직임이 있는지 알아차립
니다.

(찻잔 내려놓기)

▷ 이제 잔을 서서히 내려놓으면서 역시 움직이는 순간순간을
알아차립니다. 잔이 바닥에 닿을 때의 느낌, 무게감, 소리 등
을 알아차리며 잔에서 손을 거두어들이는 동작까지 매순간

변하는 동작들을 자각합니다.

▷ 이제 행다를 마치면서 시선을 코 끝에 두고 다시 한 번 자기 몸과 마음의 반응을 가만히 약 10초 동안 주시합니다.

▷ 마음속으로 내 옆과 앞의 사람 그리고 참석한 여러 사람과 하나로 연결됨을 인식하면서 차의 물빛처럼 맑고 투명한 자비의 마음을 보냅니다.

◎ 끝남을 알리는 동종을 울린다.

4. 함께 나눠 마시는 행다선

　이번에는 자기 차를 따라 앞 사람[또는 옆 사람]에게 나눠 주어 서로 나눠 마시는 행다를 하겠습니다. 나눠 마시는 행다는 모든 존재가 하나로 연결되어 있음을 자각하고 이를 통해 서로 받아들이는 체험이며, 굳어져 있는 완고한 자아를 버리고 서로 하나 됨을 실현하는 것이며, 공空을 표현하는 것이며, 자비를 표출하는 것입니다.

◎ 시작을 알리는 죽비를 내린다.

▷ 동종 또는 죽비 신호에 따라 숨을 들이쉬고 내쉬면서 온몸의 긴장을 완화합니다. 10여초 정도 코 끝에 시선을 두고 가만히 몸과 마음을 살피며 수류화개를 상기합니다.

▷ 먼저 차를 나눠 줄 앞 사람[또는 옆 사람]과 가볍게 인사를 나누고 난 뒤 자기 몸과 앞에 놓인 차 도구를 주시합니다.

▷ 우려낸 찻물을 잔에 따르면서 물 떨어지는 소리, 빛깔, 다관을 잡는 동작 등을 모두 알아차립니다.

▷ 서로 찻잔의 차를 교환합니다. 우선 윗사람이 아랫사람에게 사랑하는 마음으로 차를 권하고 아랫사람은 윗사람에게 공경의 마음으로 차를 받습니다. 같은 연배라면 위아래를 나누지 않고 서로 배려하는 마음으로 차를 권하면 됩니다.

▷ 차를 다 따르고 나서, 손이 잔을 잡으러 나가는 동작에서 손이 허공을 지나 갈 때의 느낌, 손이 잔에 닿았을 때의 촉감, 찻잔의 무게감 등을 모두 자각하면서 차 한 잔을 앞 사람 또는 옆 사람에게 권합니다.

▷ 앞 사람[또는 옆 사람] 또한 상대방 또는 옆 사람에게 차를 따르고 차를 권합니다.

▷ 상대방의 차를 앞에 놓고 천천히 손을 내밀어 잔을 잡으러 갑니다. 이때 내 몸에서 일어나는 동작과 생각과 감정의 흐름을 자각하면서 잔을 잡았을 때의 느낌, 찻물의 온도, 잔을 들 때의 무게감 등을 알아차립니다.

▷ 그리고 서로 동시에 잔을 가까이 들고 와 천천히 조금씩 차를 마십니다.

▷ 상대방의 차를 마시면서 상대를 받아들였음을 생각합니다.

▷ 나의 존재는 상대방에 의해서 존재하고 있음을 생각하여 독립된 개체, 독립된 자아가 없음을 생각하고 자아중심에서 벗어날 것을 생각합니다.

▷ 나아가 가족, 사회, 국가, 종족, 종교, 인류, 지각 있는 생명체, 자연계, 우주법계로 확대 적용시켜 시각화하여 생각합니다. '나의 생명은 다른 이의 생명과 무생물에 의존해서 존재한다'라고 생각합니다.

▷ 상호의존의 불이不二의 사유를 끝내고 찻잔 속의 연꽃, 차 빛깔, 차향과 접촉되었을 때의 느낌을 감지하고 천천히 잔을

내려놓습니다. 찻잔이 바닥에 닿을 때의 느낌과 소리도 알아
차리면서 손을 거두어들이고 정성껏 차를 만들어준 상대방
에게 감사의 마음을 전합니다.
▷ 10초 정도 시선을 코 끝에 두고 가만히 자신의 몸과 마음상
태를 주시합니다.

□ 반복해서 서로 나눠 마시는 행다를 계속할 때는 상대방의 찻
잔에 차를 따르면서 나눠 마시는 행다선을 하면 됩니다.

◎ 끝남을 알리는 죽비를 내린다.

행다선은 연꽃을 피우는 수행

앞서 행다선 체험에서 점검하였다면 마음이 순수해지고 잡다한 망상번뇌가 줄어들고 나아가 번뇌 망상이 끊어지는 체험이 모두 관계형성의 진리를 드러내는 행다선 명상의 효과였음을 이해하였을 것입니다.

행다선 명상을 하면 관계형성의 통찰사유를 통하여 모든 존재가 상호의존하는 연기실상임을 아는 지혜가 생기는 이익이 있습니다, 그리고 행다선 명상의 도덕성인 삼가함이 길러지게 되며, 모든 행위의 알아차림에 의해서 나타나는 번뇌 망상의 고요함, 즉 삼가함[戒]·고요함[定]·지혜[慧]의 세 가지 배움[三學]이 익어 가는 이익이 있으며, 이 익어감에 따라서 고요함이 익어 가는 이익이 따릅니다.

이처럼 상호 관계 형성을 위한 통찰사유는 상호 관계의 소통이 일어나고, 관계 형성으로 인하여 지혜와 자비의 에너지가 생기는 이익을 가져옵니다. 감정이 불안하고 우울하면 기분이 저하되고 그 내면에는 분명히 부정적 의식이 자리 잡게 됩니다.

반면 감정이 안정되고 평온하면 부정적 의식인 감정의 불균형을 잡아주어 마음이 평화롭고 기쁨이 일어납니다. 그리고 이러한 긍정적인 상태가 계속 유지되면 긍정적인 의식이 자리매김합니다. 긍정적인 사고가 형성되면 화가 복으로, 불운이 행운으로, 절망이 희망으로, 위기를 기회로 바뀝니다. 그리고 항상 활력이 넘치고 건강해집니다.

이 관계 형성의 에너지가 삼가함[戒]·고요함[定]·지혜[慧]로 이어지면 다음과 같은 이익이 생깁니다.

① 빼어버림 – 박혀 있는 나쁜 마음을 빼어버린다.

② 단속함 – 대상으로부터 내 마음이 움직이지 않도록 보호한다.

③ 삼가함 – 감정과 생각을 덧붙이지 않아 조작하지 않는 힘이 길러진다.

④ 범하지 않음 – 어기거나 해치고자 하는 마음이 일어나지 않는다.

⑤ 좋은 의도 – 살리려는 마음, 즉 자비심이 일어난다.

⑥ 행다의 이와 같은 빼어버리는 이익[戒]이 마음의 고요함을 가져다주는데 이때 대상으로부터 마음의 움직임이 사라져 번뇌가 일어나지 않게 된다[禪定]. – 고요함 속에서 빼어버리는

계戒의 작용이 있다.

⑦ 고요함[定]의 이익에 의해 대상에 감정과 생각을 덧붙이지 않
   게 되고 대상을 있는 그대로 꿰뚫어 보는 힘이 생겨 의식이
   깨어나면서[31] 사고의 전환이 이루어지므로 육체적 정신적
   자유를 체험한다[智慧]. - 지혜 속에서도 빼어버리는 계戒의
   작용이 있다.

행다 하는 순간순간이 알아차림으로 깨어 있으니 시끄러운
번뇌도 사라지게 되고 마음은 적정 그대로의 선禪이 됩니다. 이
것이 바로 행다로서 마음을 깨우는 선, 즉 행다선行茶禪인 것입
니다. 행다선을 하는 차 명상 모임을 하는 것은 때 묻은 마음을
닦아내고 정화하는 것입니다. 그래서 진흙에서 연꽃을 피우는
수행이라 할 수 있으며 행다선 모임을 자주 하면 반목과 경쟁심,
미움과 질투, 불만족, 공허함 등을 없앨 수가 있습니다.

한 잔의 차를 마시는 과정을 이렇게 알아차림으로써 행하면
내면에 잠재되어 있던 착하지 않은 심리가 소멸합니다. 한 송이
의 차꽃에서 또는 한 잔의 차 속에서 너와 나, 우리가 모두 하나

---

31 과거와 미래로 마음이 가지 않고 늘 변하는 현재에 머물게 됩니다. 과거는 지
    나가서 없으며 미래는 오지 않아서 없으므로 과거와 미래에 마음이 간다는 것
    은 존재하지도 않는 것에 집착하는 것이므로 의식이 깨어 있는 상태가 아니라
    말 그대로 미혹입니다.

로 연결되어 나타나는 우주의 전 모습을 발견할 수 있습니다.[32]

그뿐이겠습니까? 차 마시는 것이 그대로 우주의 몸짓이요, 생명 살림의 아름다운 춤이 아닐 수 없습니다. 이렇게 차 마시는 뜻을 이해한다면 차 마시는 행위 자체가 수행의 방편이며 차 마시는 그 자리가 선禪이 됨을 알 수 있습니다.

연꽃 무아차無我茶

잘난 마음

어긋난 마음

상처받은 마음

닫힌 마음

서로 모여

정성어린 차 주고받으니

너 나 하나로 열려

빈 마음 되어

진흙에 핀 연꽃처럼

무아無我로서 깨어나네

---

32 이러한 경지는 부동심, 일체감, 몸의 텅 빔, 움직일 때는 움직임만 있음, 마음이 안과 밖으로 텅 빔, 의식의 지평이 넓어짐, 대상을 입체적으로 동시에 봄, 볼 때는 봄만 있고 들을 때는 들음만 있는 경지입니다.

행다선 체험사례

점검이란 행다선 체험자를 위하여 명상방법의 점검과 수행의 현상을 살펴 바른 길로 나아갈 수 있도록 제시해 주는 것입니다. 의사가 환자의 회복상태를 살피듯이 행다선 체험을 점검해야 합니다. 여기서는 어떤 장애가 있고 어떤 심리가 일어나고 있는지 살피고 정신적인 진보가 있는지에 대해서도 점검해야 합니다. 또한 점검은 곧 자신의 문제를 스스로 해결할 수 있는 능력을 키우는 것이기도 하며 점검 능력 배양은 곧 지도자로서의 지도요건을 갖추는 것이 됩니다. 점검 내용은 다음과 같습니다.

① 접촉에서 일어나는 모든 느낌을 알아차렸는가?
접촉하는 모든 부분에는 느낌이 일어납니다. 그 느낌을 알아차리는 것입니다. 예를 들면, 시선과 찻잔을 잡으러 가는 손의 움직임을 알아챌 때는 시선과 손과의 접촉이 있기 때문에 손의 움직이는 느낌[視覺]을 알아차리는 것입니다.
또 찻잔을 잡으러 가는 손에 공기와 접촉이 일어나면 공기의 저항감을 느낍니다. 그 느낌[촉각]을 알아차리는 것입니다.
손으로 찻잔을 잡으면 손과 찻잔의 접촉에 의해서 차가운 느낌이나 매끄러운 느낌 등을 알아챌 수 있습니다. 다관이나 찻잔, 물 식힘 그릇에 물이 떨어질 때 바닥과 접촉하여 일어나는 소리를 알아차립니다. 소리라는 느낌은 청각입니다. 이 청각을 알아채는 것입니다. 차향[후각], 차맛[미각] 등은 알아차려야 할 대상입니다.

② 각 동작마다 일어나는 몸의 반응을 알아차렸는가? 나아가 그 반응들이 매순간 변해나감을 알아차렸는가?

③ 행다 하는 동안 생각이나 감정이 개입되었다면, 그 즉시 알아차렸는가?

④ 각 동작이 일어나기 전, 움직이고자 하는 '의도'가 먼저 일어나는데 이 의도를 알아차렸는가?

⑤ 행다를 하기 전과 하는 동안, 또 끝난 직후 마음 상태는 같은가?[고요함의 정도 비교]

⑥ 행다 하는 동안 자기 몸의 움직임이 한눈에 들어오는가?

⑦ 행다선을 통해 일어나는 일곱 가지의 깨달음의 요소가 있는가? 이 일곱 가지는 깨달을 수 있는 인연, 깨달을 수 있는

고리라고 하는데 다음과 같다.

① 알아차림으로 이루어진 깨달음의 요소[念覺支] ② 법에 대한 선별로 이루어진 깨달음의 요소[擇法覺支] ③ 정진으로 이루어진 깨달음의 요소[精進覺支] ④ 기쁨으로 이루어진 깨달음의 요소[喜覺支] ⑤ 가볍고 편안함으로 이루어진 깨달음의 요소[輕安覺支] ⑥ 집중 삼매로 이루어진 깨달음의 요소[定覺支] ⑦ 평정으로 이루어진 깨달음의 요소[捨覺支] 등이다.

상담치유와 체험사례

🍃 상호의존의 지혜가 생김

장정기

　찻상을 바라보면서 앉았다. 찻상을 두고서 내 몸이 앉아 있는 형상이 들어왔다. 찻상과 내가 이 순간 '함께'라는 마음이 든다. 찻상을 바라보고 있노라니 찻잔과 찻잔 사이가 눈에 들어온다. 모양과 위치가 다 다르기도 하지만, 이 찻상 안에서 서로서로 사이를 두고 관계해서 서로가 서로의 모양과 위치를 나타내 보여주고 있다. 여기 앉은 나 또한 그 찻잔과 다를 바 없이 모양과 위치를 잡고 앉아 있다는 마음이 든다. 그래서 찻상과 찻잔, 앉아 있는 나는 모두가 서로 이웃해 지금 이 순간 하나이다.

　찻잔의 모양들이 내 눈에 부딪힌다. 내 눈 어디엔가 비친다는 느낌이 든다. 내 눈과 찻잔에 투영된 시각이 접촉됨을 느껴본다. 계속 찻잔은 내 눈 안에 있다. 혹은 밖에 있나? 생각이 스쳐 지나간다.

　찻잔에 물을 따른다. 찻물 소리가 내 귀 깊은 곳에서 접촉함을 느낀다. 그 접촉하는 지점을 잘 살펴보니 소리와 귀 감각이 부딪치고 있다. 그리고 더 기다린다. 생각이 밀려든다. 더 뭔가 있는

가? 사라져버려 아무것도 없다. 무엇이 일으키는가? 아무것도
찾을 수 없다. 그 순간 아무것도 없다. 그저 소리와 귀밖에 난 바
라보질 못했다.

　손으로 찻잔을 잡는다. 묵직한 느낌이 손끝으로 느껴진다. 더
불어 물렁한 손가락의 느낌도 동시에 느껴진다. 셋이 만나는구
나! 하며 계속 주시한다. 들어 올리는데 묵직한 찻잔의 느낌이 배
가되어 느껴진다. 손을 스치는 공간 속의 바람이 손의 솜털을 살
랑거린다. 아 이젠 바람을 만난다! 딱딱함과 물렁함과 묵직함과
살랑거림이 만나고 있다.

　찻잔을 입으로 가져간다. 코끝으로 먼저 따뜻한 향기가 밀려들
어 온다. 코끝에서 따뜻함과 진한 차향이 느껴진다. 평소 느꼈던
것보다 더 진하게…. 이제 차를 마신다. 입술에 찻잔을 물으니 입
술의 말랑한 느낌이 느껴지고 찻잔의 물이 입술을 적신다. 그리
고 입안으로 밀려들어 입속에 가득 찬다. 아직 맛은 느끼지 못한
다. 물고 있던 차를 목구멍 뒤쪽으로 넘기기 시작할 무렵 차의 맛
이 느껴지기 시작한다.

　차와 혓바닥의 접촉됨이 차 맛을 낳는다. 목구멍으로 진한 차
맛이 느껴진다. 이제 차가 목구멍을 지나 뱃속으로 빨려 들어간
다. 식도를 타고 흐르는 느낌이 들더니 배가 약간 차오르는 듯하

며 부풀어 오름을 느낀다.

이제 찻잔을 내려놓는다. 찻상에 찻잔이 놓일 때 손끝으로 찻잔 아닌 찻상의 느낌이 전달된다. 그 순간 내 손끝과 찻잔과 찻잔을 매개로 찻상이 만나는구나! 느껴진다.

모든 것이 이렇게 연결되면서 나에게 느껴지고 인식되는구나! 모든 것이 관계성 안에서 만나는구나, 그래서 현상이 나타나고… 나는 그것을 내 마음으로 경험하고… 그러는구나.

🍃 머리 속이 맑아지는 행다선

최은서

찻잔 보기 : 마음이 고요해지며, 주변 환경이 가라앉음과 동시에 편안해지고 정숙해짐을 느꼈습니다.

찻잔 들러 가기 : 찻잔을 들려고 손가락과 손바닥을 폄과 동시에 살짝 오므리니, 그 공간 속에서 따뜻하고 몽환적인 기운이 느껴지는 듯하였습니다. 그리고 팔을 앞으로 뻗으며 움직일 때는 시원한 바람의 기운을 느꼈습니다. 이때 손가락 사이를 살짝 벌리는 것이 손가락 사이사이로 바람이 지나가는 기분을 더 많이 느낄 수 있었습니다.

찻잔 잡기 : 찻잔을 잡으려고 손을 찻잔에 맞추어 오므릴 때, 찻잔을 포용하는 느낌을 받았습니다. 그리고 찻잔을 잡았을 때, 손바닥과 손가락 그리고 손가락 사이를 벌렸을 때 사이사이로 따뜻한 온기를 받아들이는 것을 느꼈습니다.

찻잔 들기와 찻잔 당기기 : 찻잔을 듦과 동시에 찻잔을 제 앞으로 옮겼습니다. 찻잔에 차를 담았을 뿐인데 묵직함이 느껴졌으며 좀 더 조심하게 되었습니다. 그리고 잔을 들 때보다는 제 앞으로 당길 때 손바닥에 전해지는 온기와 함께 공기를 가르는 느낌의 바람이 손가락 끝부터 손의 바깥쪽 면과 팔에서 느껴졌습니다. 왠지 공기에 뜨는 듯한 느낌을 받았습니다.

찻물 보기 : 찻잔에 담긴 차를 봄과 동시에 찻잔도 보게 되었습니다. 먼저 차의 향과 따뜻한 온기를 코로 마셨을 때, 얼굴과 상체 부분을 중심으로 몸이 따뜻해지는 기분을 느꼈으며 차의 향에 의해 편안한 기분을 가졌습니다. 다음으로, 눈으로 차를 보자, 따뜻한 차의 기운과 차의 색에 의해 눈 주변이 따뜻해지며 눈앞이 맑아지는 것을 느꼈습니다. 그와 동시에 찻잔에 그려진 연꽃이 눈에 들어왔는데, 연꽃이 입체적으로 살아나며 제 마음속으로 들어옴을 느꼈습니다. 그리고 전체적으로 머릿속이 맑아지고 개운해짐을 느꼈습니다.

차 마시기 : 차가 입술에 닿는 순간 갈증을 느끼고, 차가 입안으로 들어올 때 갈증이 해소됨을 느꼈습니다. 차가 따뜻함에도 한국인의 정서답게 시원하다는 느낌을 받았으며 입 안에서 차를 머금을 때 차의 향이 몸 안과 밖 모두를 감싸는 기분을 느꼈습니다. 차를 넘기는 순간 목 안부터 시작해서 전체적으로 따뜻해지는 기분을 느꼈습니다. 특히 상체까지는 따뜻함이 좀 더 강했으며, 다리 쪽은 따뜻한 기운이 상체보다는 약했습니다.

찻잔 내려놓기 : 찻잔을 내려놓으려고 팔을 뻗을 때는 앞서 느낀 기분과는 다른 것이었습니다. 찻잔을 들 때는 무엇인가 가지러 간다는 생각에 따라 마음이 무거웠다면 지금은 오히려 마음이 가볍고 팔의 뻗음과 오므림이 좀 더 빨라지는 느낌이 들었습니다. 찻잔을 내려놓는 그 시간 동안 얼굴에 자연히 웃음을 짓게 되었습니다. 스님께서 말씀하신 대로 얼굴이 밝아지고 좋아지는 기분을 느낄 수 있었습니다.

🍃 몸 사라짐의 고요함

김기덕

1. 다관에 차를 넣고 물을 붓고 기다리는 동안 차가 여기까지 오게 된 것에 대해 사유한다. 제일 먼저 이른 아침 차를 따는 아

주머니들부터 밤 늦게까지 차를 덖으시는 분들의 노고와 차나무
가 뿌리내리고 있는 지리산의 어느 산자락과 차나무를 스치던 바
람과 겨울의 눈과 봄비와 따스한 햇살과 …. 이렇게 구체적으로
생각하다 보니 긴밀한 관계성에 의한 온 우주 전체의 연기(緣起)
라는 사실이 느껴진다.

2. 다관에 차를 따르면서 떨어지는 찻물이 물의 입자들로 보인
다. 찻잔에도 노란 물 입자들이 보인다. 다관을 잡은 손의 무게감
은 있으나 마치 허공에 두 손을 뻗치고 있는 것과 같다. 손을 뻗
쳐 찻잔을 잡으러 가는 의도가 보였다. 찻잔을 잡았을 때의 차갑
고 매끄러운 감각, 입에 댔을 때의 감촉, 차의 향을 맡고 맛을 한
모금 보니 쌉쌀하고 미지근하고 알 수 없는 미묘한 여러 가지 맛
들과 혓바닥 어느 곳에선지 달고 맛있는 침들이 스멀스멀 기어
나와 차와 어울린다. 단맛이 느껴졌다. 입안이 환하게 보인다.
심장이 고동칠 때마다 찻잔 속의 차가 미세하게 흔들린다. 신기
해서 한참 동안 지켜본다.

3. 어깨의 무게감. 등줄기를 지나는 한 줄기 바람, 차를 마시면
서 느껴지는 손바닥과 이마, 훈훈해지는 등줄기, 발바닥의 온기.
온 몸에 흐르는 차의 기운, 머릿속은 전기 줄에 바람이 스치며 내
는 소리와 같은 윙윙 소리가 났다. 넓게 펼쳐지는 바다, 수평선
검푸른 하늘에 펼쳐지는 수많은 별과 둥근 달, 엉덩이에 감각이

없다. 아주 쉽게 없어졌다.

    4. 머리 위에 연꽃 한 송이, 가슴에도 한 송이. 머릿속은 조용하고 가슴은 차분하고 조용함. 아무것도 없음에 우왕좌왕하지 않고 차분하게 들어서 알고 있던 법문들을 사유한다.

오색차 명상

오색차 명상을 위한 색채심리에 대한 이해

몸과 마음을 치유하는 오색차 명상

오색차 체험사례

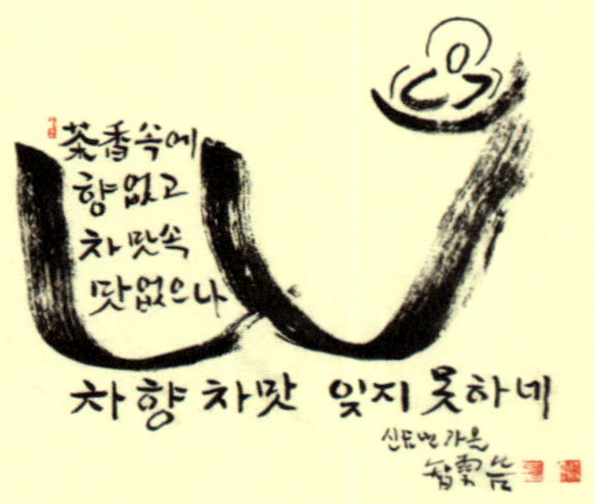
茶香속에
향없고
차맛속
맛없으나
차향 차맛 잊지 못하네

오색차 명상을 위한
색채심리에 대한 이해

1. 색채가 인체에 미치는 영향

오색차 명상을 수행하기 위해서는 색채色彩에 대한 이해가 필요합니다. 색채가 우리 생활 전반에 미치는 영향을 생각해 보면 알 수 있습니다. 색채를 단순히 표층적인 면만 보면 무심히 지나칠 수 있지만, 이것은 심층 심리적인 것이며 근원적으로는 생명의 본성에 관한 것입니다. 부정적인 심리와 파괴적인 생각이나 감정 등을 긍정적인 심리와 자비심으로 전환해야 하는 이유는 모든 속박에서 벗어나 대자유를 지향하기 때문입니다.

색채는 몸과 마음에 영향을 미칠 뿐만 아니라 인상, 조화, 심리학, 생리학, 예술, 디자인, 건축 등 나아가 몸의 생리적인 현상에도 영향을 줍니다. 특히, 색채가 '우리 눈에 어떻게 보이는가?'

혹은 '어떤 느낌을 주는가?'에 따라 심리 변화가 달라집니다. 외관상으로 느껴지는 색채의 온도감, 무게감, 부피감, 크기와 거리감에까지도 영향을 미치며, 미적 효과의 측면에서도 색채의 조화, 선호도 등은 감정에 영향을 주고 있습니다.

일반적으로 색채가 감정에 영향을 주는 예를 들어보면 다음과 같습니다.

① 온도감 : 적색 계통과 노랑색 등은 따뜻한 느낌을, 청색 계통의 색은 찬 느낌을 느낍니다.
② 무게감 : 밝은 색은 가벼운 느낌을, 어두운 색은 무거운 느낌을 느낍니다.
③ 크기의 느낌 : 밝은 색은 크게, 어두운 색은 작게 느껴집니다. 즉 바둑알의 경우, 검정색 바둑알은 흰색의 바둑알보다 작아 보이고 무겁게 느껴집니다. 그래서 실제로 바둑알을 만들 때 검정색 알을 조금 더 크게 만듭니다.
④ 거리감의 느낌 : 2개의 색채자극이 같은 거리에 있는데도 밝은 색은 대체로 가깝게 보이며 어두운 색은 멀게 느껴집니다. 모든 색채의 심리반응에는 색상, 명도, 채도 등이 복합적으로 관련되어 반응하고 있습니다.
예를 들면, 둥근 원을 같은 넓이로 몇 개 그려 놓고, 맨 가장자리에 있는 원을 명도를 가장 높게 하고, 차츰 명도를 낮게

하여 제일 속에 있는 원을 명도를 가장 낮게 칠하면 그 원들은 쑤욱 안으로 들어가 보이는 현상을 일으킵니다.

반대로 제일 밖에 있는 원의 명도를 가장 낮게 하고, 차츰 명도를 높게 하여 제일 안에 있는 원의 명도를 가장 높게 칠하면 그 원들이 쑤욱 앞으로 튀어나오는 것 같은 현상을 일으킵니다.

⑤ 색채의 조화란 2가지 이상의 색채가 인접해 있을 때 조화가 잘 되어 있으면 보는 사람들에게 좋은 느낌을 주는 반면 반대로 조화가 잘 되어 있지 않으면 불쾌감을 줍니다.

⑥ 색채의 선호도는 개인의 연령, 취향 등 문화적인 영향과 구체적인 대상에 따라 차이가 있으며 이러한 것은 모두 심리적인 현상입니다.

2006년 3월 뉴욕시에서 열린 「아키텍츄럴 다이제스트Architectural Digest」 지가 주최한 홈디자인쇼에서 대단히 기발한 연구가 발표되었습니다.

여러 개의 방을 노랑색의 방과 붉은색의 방 그리고 파랑색의 방을 만들어 놓았습니다. 그리고 쇼를 보러 온 방문자들에게 원하는 색의 방부터 자유롭게 들어가서 원하는 만큼 시간을 보낼 수 있도록 하고, 그들이 그 방의 색에 따라 어떠한 반응이 나타내는가에 대한 실험이었습니다.

실험의 결과는 다음과 같았습니다.

　○ 노랑색 방과 붉은색 방 - 대체로 활기찼다.

　○ 노랑색 방 - 먹은 음식과 음료의 양이 붉은색 방에서 먹는 양의 두 배로 증가했다.

　○ 붉은색 방 - 배가 고프고 목마르다는 반응을 보였다. 빨강색은 에너지나 생명력을 상징한다. 의욕이나 활력이 생겨 쉽게 배가 고프고 목도 말랐던 것으로 보여졌다.

　○ 파랑색 방 - 노랑색 방과 붉은색 방에 있던 사람들보다 차분하다는 말을 많이 하는 것으로 보아 마음을 안정시키는 영향을 주었다. 냉정한 판단이 필요하거나 지나치게 감정적으로 흘러서는 안 되는 경우에 효과적인 색이다.

또, 세 색깔의 방에 사람들이 무리를 이루어 모여 있던 형태가 각기 달랐다고 합니다.

노랑색과 붉은색 방에서는 방 한가운데 모여서 더 많은 시간을 보냈으며, 파랑색 방에서는 방의 가장자리 쪽에서 더 많은 시간을 보냈다. 노랑색 방에 있던 사람들이 가장 활기찬 모습이었다. 그들은 이리저리 옮겨 다녔고 몇 명씩 모여서 대화를 나누거나 웃으면서 보내는 시간이 다른 방에 있던 사람들보다 더 길었다.

위 실험에서 알 수 있는 것은, 노랑색 계열과 붉은색 계열은 활기차고 에너지가 넘쳤다는 것입니다. 노랑색은 지성이나 판단을 상징하기도 하며 이해력을 높이고 판단력을 키워 주는 색으로 분류되곤 합니다.

이 연구는 방의 색상이 사람의 행동과 기분에 어떤 영향을 미치는가에 대한 것을 확실하게 시사해 주고 있습니다.[33] 그런데 여기 실험에서 빠진 녹색과 흰색은 어떤 심리를 느끼게 할까요?

녹색은 자연의 색조를 반영하기 때문에 마음을 평온하게 하고 위로해 준다. 녹색은 자연 회귀의 정서를 느끼게 하고, 흰색은 순수함을 상징한다. 그러나 경우에 따라 공포를 상징하기도 하며, 평온한 기분이 들게 한다는 것이다.[34]

그래서 색에는 마음을 움직이는 힘이 있다는 것입니다. 마케팅 전문가들은 사물들의 색이 강력한 감정반응과 연결되어 있다는 점을 마케팅 전략에 이용하고 있습니다.

또 우울증 환자를 치료할 때 밝은 햇빛이나 햇빛과 비슷한 강도의 파장을 가진 빛에 노출시키는 치료법을 사용하고 있다.

---

33 상동, pp. 86-87.
34 디카다 아키카즈 지음, 윤혜림 옮김, 『마음을 즐겁게 하는 뇌』, pp. 176-177.

이러한 방법은 환자의 기분이 가라앉는 것을 막고 에너지를 회복시켜 주고 스트레스 호르몬을 정상으로 되돌려 준다.[35]

이 조사에서 드러난 것처럼 몸의 색소 세포와 마음은 일상생활에서 보는 여러 가지 색채와 태양 빛의 영향을 받게 되면 몸의 생리적인 변화와 심리의 변화가 일어납니다. 그래서 색채를 이용한 심리치유가 보편화되고 있는 것입니다.

2. 색채는 심리

색채심리에 대한 이해는 색소세포[36]의 유전자[37]에 대한 것과 뇌의 기능에 따른 색채에 대한 이해가 필요합니다.

1. 색소세포 유전자란 무엇인가?

색소色素는 어떤 물체의 색이 나타나도록 해 주는 성분을 말합니다. 인간[일부 영장류]의 색소세포 속에 있는 단 세 가지 색소

---

35 상동. p. 92.

36 『생명과학대사전』에 따르면 '색소色素는 물체에 색깔이 나타나도록 만들어주는 물질이다. 이 물질의 입자가 가시광선 3,000~7,000Å의 어떤 파장 부분을 선택적으로 반사 또는 투과하는가에 따라 색이 결정된다. 이와 같은 특성은 색소분자의 구조에 따르지만 상세한 메커니즘은 뚜렷하지 않다. 색소가 다른 물질에 흡착 또는 결합하기 쉬운 경우에 염료(染料)라고 한다.'

가 어떻게 전체 시각 스펙트럼을 담당할 수 있는가에 대해서는 각기 다른 이론이 있습니다. 그것을 설명해 줄 수 있는 한 가지 단서가 인간 유전자의 역사에 담겨져 있습니다.

각 색소 유전자는 진화의 역사 중 각기 다른 시기에 등장한 것으로 밝혀졌습니다. 유전학자들이 그런 사실을 알 수 있게 된 것은 유전자는 규칙적인 속도로 돌연변이가 생기며 그 돌연변이가 생기는 데에 필요한 시간은 동일하기 때문이었습니다. 과학자들은 현재의 구조에서 거꾸로 계산하여 그 유전자가 처음 등장한 시기를 아래와 같이 추정할 수 있었습니다.

첫째. 가장 먼저 등장한 광수용체 색소유전자는 햇빛의 분광 분포와 녹색식물노란색에서 녹색계열의 식물에서 반사되는 빛의 파장에 가장 민감하다.

둘째, 5억 년쯤 전 두 번째로 등장한 광수용체 색소 유전자는 녹색의 미묘한 색조들을 구별하는 능력을 더해 주고, 빛의 파장이 짧은 파랑색과 보라색 계열에 반응한다.

셋째, 마지막으로 3천만 년에서 4천만 년 전쯤 등장한 광수용체 색소 유전자는 더 긴 파장인 오랜지색에서 붉은색 계열에 반응한다.

---

37 유전자(gene)는 DNA로 구성된 유전정보의 단위로 단백질을 만드는데 필요한 정보 체제이다. 인체 세포의 모든 생명현상과 기능 그리고 생·노·병·사는 유전정보에 의해 결정됩니다.

이 마지막 유전자와 그것이 유전암호를 지정하는 색소가 영장류에게 등장한 것은 아마도 영장류가 과일을 먹기 시작하면서 부터였을 것이라 합니다. 아마도 숲의 녹색 사이에서 밝은 노랑색과 오랜지색 그리고 붉은색을 구별할 필요가 생겼을 때였을 것이라고 추정합니다.[38]

오늘날, 아주 최근에 와서야 우리는 풍경 속에 녹색이 아닌 다른 색들을 채워 넣기 시작했으며, 따라서 색소세포의 유전자는 환경의 산물임을 알 수 있다고 합니다. 그렇지만 색소의 유전자에 의해서만으로 색채가 심리적이라고 말할 수는 없습니다. 색소 유전자는 다만 하나의 조건일 뿐이라는 것입니다. 그렇다면 빛과 색채가 감정과 생각을 바꿀 수 있겠습니까? 그것의 비밀은 뇌의 기능에 있습니다.

2. 빛과 색이 감정을 바꾼다

마음을 편안하게 해주는 풍경에서부터 신경을 거슬리게 하는 감정 등 우리의 기분을 바꿔주거나 영향을 끼치게 하는 비밀은 무엇일까요?

어빙 비더만 교수는 사람들이 보편적으로 선호하는 아름다운 경치나 노을 또는 숲 같은 풍경을 볼 때 엔도르핀이 분비되는 신경세포들이 활성화되는 것을 발견했습니다. 따라서 아름다운

38　에스더 M. 스턴버그 지음, 서영조 옮김, 『공간이 마음을 살린다』, pp. 83-84.

풍경을 보는 것은 뇌가 많은 양의 모르핀을 투여해 주는 것과 같다고 할 수 있다고 말하고 있습니다. 그뿐만 아니라 풍경의 색과 깊이 그리고 움직임이 더해지면 그 경로를 따라 더 많은 신경세포가 활성화된다는 것입니다.

따라서 우리의 주거 환경인 벽의 색채나 우리가 입은 옷의 색채, 우리가 보는 물건들의 색채들은 빛의 파장의 반사작용으로 우리의 감정에 영향을 끼친다는 것입니다. 그렇지만 색채에 반응하여 감정의 변화가 일어나는 것은 색채를 더하거나 빼는 뇌의 능력에도 달려 있다고 뇌 과학자들은 말하고 있습니다.

그리고 우리는 망막 속의 추상체를 통해 색채를 자각합니다. 추상체에는 빛의 각기 다른 파장을 흡수하는 세 가지 색소가 들어 있습니다. 각 색소는 빨강색 · 노랑색 · 파랑색[삼원색] 등의 파장을 감지합니다. 색소가 세 개만 있어도 우리는 무지개의 색뿐만 아니라 화가의 팔레트에 있는 색을 모두 볼 수 있습니다. 그리고 그림물감은 빛의 파장들을 흡수하거나 반사하는 색소들로 이루어져 있습니다. 이처럼 각 유형의 색소세포에서 받은 색채 신호들을 혼합하고 비교하는 것은 색을 더하거나 빼는 뇌의 능력 때문입니다.

우리는 반사하는 파장들을 색色으로 보는 것입니다. 다시 말하자면 녹색 숲의 그림을 볼 때, 녹색 물감의 녹색 파장은 반사하고 나머지 파장은 모두 흡수하기 때문에 녹색으로 보이는 것입니다. 여러 가지 물감을 전부 섞으면 모든 색의 파장이 흡수되어 검은색으로 보입니다.

그러나 무지개나 컴퓨터 LCD 모니터를 볼 때는 물감이 아니라 빛의 파장을 직접 보는 것입니다. 무지개의 모든 색광을 섞으면 흰색광이 됩니다. 햇빛이 특정한 색광으로 보이지 않고 흰색으로 보이는 것은 바로 빛의 가산혼합 현상 때문입니다.

그리고 우리가 무지개의 여러 가지 색을 볼 수 있는 것은 공기 중의 작은 물방울이 프리즘 역할[39]을 하므로 각각 빛의 파장의 길이에 따라 반사각이 나눠지기 때문에 무지개 색으로 나타나는 것입니다.[40]

그러나 무지개의 색들도 뇌의 관여가 있음을 알 수 있습니다. 물론 뇌의 관여가 있다 하더라도 빛과 색채의 영향으로 심리가 일어남을 설명하는 데는 미흡한 점이 없지 않기 때문에 현대에 이르러서도 더 연구되어야 할 부분이 있다는 것입니다.

3. 색채를 인식하는 것은 심리이다

녹색 색소의 유전암호를 지정하는 유전자가 없는 사람은 녹색을 보고도 마음이 차분해지는 느낌을 받을 가능성이 적을까요? 붉은색 색소 유전자가 없는 사람은 붉은색을 보고도 흥분을

---

39 물방울에 빛이 닿으면 파장의 길이에 따라 각각 다른 각도로 반사합니다.
40 상동. pp. 82-83.

덜 할까요? 빛과 색은 어떻게 기분과 연관성을 갖게 되었겠습니까? 원래 녹색은 마음을 차분하게 해주고 붉은 색은 흥분시키는 걸까요, 아니면 학습을 거쳐 그렇게 반응하도록 익힌 것일까요? 아마도 양쪽 모두 어느 정도 옳다는 것입니다.

러시아 과학자이자 의사였던 이반 파블로프는 1890년대에 처음으로 행위학습을 발견했는데 그 덕분에 1904년 노벨 생리학상을 수상했습니다.

파블로프는 개에게 조건 형성에 관한 실험을 하였습니다. 개에게 스테이크를 보여주면 침을 흘립니다. 그런데 개에게 종을 울리면 아무런 반응을 하지 않았다는 것입니다. 그래서 개에게 스테이크를 보여주면서 종을 울리는 실험을 여러 번 반복했더니 개는 종만 울려도 침을 흘렸다는 것입니다. 개는 종소리와 맛있는 스테이크를 연결짓는 법을 배운 것입니다. 이런 현상은 인간에게서도 일어납니다. 우리가 생각하는 것보다 더 자주 특정 색을 특정 환경과 연관지으면 이런 형태의 조건이 형성된다는 것입니다.

이와 같이 색이 감정을 불러일으킨다면 그것은 아마도 색과 감정 사이의 연관성을 이미 학습을 통해 익혔기 때문일 것입니다. 추상세포가 색을 인식하는 뇌의 시각중추로 신호를 보내고 그 도중에 전기자극이 뇌의 감정중추로 가면, 한 가지 색이 한 가지 기분과 연관될 수 있다는 것입니다. 달콤한 과일 이미지를 보고 있을 때 흥분되고 몹시 먹고 싶어지는 마음, 흡연자가 담배를 피우고 싶어 하고, 술을 좋아하는 사람이 술을 마시고 싶어 하는 이유가 바로 색과 감정 사이의 연관성과 같으며 또한 학습에 의해서 이루어졌음을 알 수 있습니다.

4. 색채를 학습하면 심리적 현상이 달라진다

색채를 인식하는 것은 곧 심리의 표현이라 할 수 있습니다. 즉 색이 마음을 움직이는 힘이 있다는 것입니다.

우리의 눈은 어떤 사물을 알아보기 전에 그 사물의 조각들이 서로 대비되는 선과 윤곽들을 봅니다. 뇌는 정보가 부족하더라도 어떻게든 그 조각들을 연결하고, 기억 속에 저장된 이미지들과 맞춰보고 그 형태를 중 가장 적절한 이미지로 알아봅니다. 그 다음에 뇌의 다른 부분들이 그것이 무엇인지 인식하고 그것을 어떻게 처리할지 알려줍니다. 두뇌는 기억을 저장하고 서로 다른 장소에서 서로 다른 형태의 물체들을 인식하게 해주는 짝짓기 기계입니다.[41]

이와 같이 색채의 짝짓기는 기억 속에 저장되어 있는 이미지의

---

41 상동. pp. 68-69.
  '뇌는 시야에 있는 사물들을 끊임없이 훑어보고 그것들을 우리 기억 속에 있는 이미지들에 맞춰본다. 워드 프로그램이나 인터넷에서 찾기 기능으로 단어를 찾을 때와 비슷하다. 들어맞는 것이 발견되면 링크에 불이 들어오고, 우리는 그 사물을 인식하게 된다.'

표현임을 알 수 있습니다. 즉 색채를 있는 그대로 인식하는 것이 아니라는 것입니다. 기억의 파일에는 형태, 색, 이름 등이 함께 들어 있기 때문입니다. 그래서 어떤 색을 보면 그 색에 연관된 기억이 함께 떠오르고 그것이 감정으로 연결되는 것입니다.

뿐만 아니라 기억이 색을 만들 수도 있다는 것입니다. 사람들은 옛날 흑백 영화를 보면서도 초록빛 언덕이니 새빨간 입술이니 하는 표현을 한다는 것입니다. 실제 장면에서는 회색이나 검정의 무채색이지만 우리의 머릿속에서는 초록이 되고 빨강이 된다는 것입니다.[42] 사진가들이 흑백사진을 찍는 이유도 바로 기억 속의 정보와 흑백사진이 연동되어 인식하는 심리에 미묘한 색채를 연출하기 때문에 흑백사진이 더 매력적일 수도 있다는 것입니다.

뇌 과학에서는 이미지 정보를 두뇌에 저장한다고 하지만 뇌의 신경세포는 단지 마음이 나타나게 하는 하나의 연결망일 뿐이라는 것입니다. 즉, 『유마경』에서는 '몸은 아는 성질이 없다'고 합니다. 앎은 마음의 작용이지 몸이 아니기 때문이고, 몸은 단지 마음이 나타나도록 하는 매개체일 뿐이기 때문입니다. 만약에 몸이 아는 것이라면 내가 아프거나 남이 아파하는 것을 보고, 몸

42　디카다 아키카즈 지음, 윤혜림 옮김, 『마음을 즐겁게 하는 뇌』, pp. 174-175.

이 나와 남의 아픔을 판단해야 할 것입니다. 하지만 두뇌[몸]는 나와 남의 아픔을 판단하지 못합니다.

뇌는 슬퍼서 우는 눈물과 기뻐서 우는 눈물을 판단하지 못합니다. 그러나 마음은 어떤 눈물인지 판단합니다. 이처럼 뇌는 단지 앎이 일어나는 하나의 연결망으로 표시만 할 뿐 마음 그 자체가 아닙니다.

정보의 저장도 마음이지 뇌는 아닙니다. 만일 뇌에서만 저장한다면 사람이 죽게 되면 뇌도 같이 죽어서 살아 생전의 모든 정보는 소실되어야 합니다. 그러나 다시 태어난 아이 중에는 과거 전생을 잊지 않고 기억하고 있음을 볼 때 뇌는 마음이 표출되도록 하는 하나의 매개체라고 해야 할 것입니다. 따라서 저장하는 마음은 곧 아뢰야식이라는 것입니다.

이 아뢰야식의 다른 이름인 아타나식은 태어날 때 자궁에서 몸을 만들고 그 몸에 의지하고 그 몸을 유지시키고 몸속으로 숨어들어 몸과 안위를 같이 한다고 『해심밀경』에서 설하고 있습니다.[43]

컴퓨터의 워드 프로그램이나 인터넷에서 찾기 기능으로 단어를 검색하여 찾을 때와 비슷하다는 것입니다. 곧 마음의 현상은 심리현상으로 봐야 할 것입니다. 즉 대조하고 의미부여하고 덧

---

43 원측 지음, 지운 역주, 『원측소에 따른 해심밀경』「심의식상품(心意識相品) 제3」, p. 162.

붙이는 것은 바로 사思라는 심리가 뇌의 신경세포를 매개로 하여 작용한 것이라고 말할 수 있습니다.

그런데 과학자들은 빛과 색채가 우리 자신의 내면에 갖추어져 있음을 모르고 있는 것 같습니다. 단순히 외계의 보이는 색채와 햇빛의 영향으로 몸과 마음이 움직인다고 생각합니다. 그러나 이미 자신의 내부에 태양 빛과 같은 마음의 빛과 5요소의 5색 파장인 색이 있어서 몸의 5색채와 마음이 영향을 받고 있다는 것입니다. 그래서 근원적인 빛이 밖에만 있지 않고 우리 안에 이미 존재하고 있으므로 명상을 통하여 이를 개발하면 다른 이의 힘을 빌리지 않고 스스로의 힘으로 몸과 마음의 심리를 다스리고 치유시킬 수 있게 된다는 것입니다.

몸의 색소 세포가 외부의 빛과 색채에 반응하듯이 우리 몸[所造色]의 내부에는 5요소의 색채파장[能造色]으로 이루어져 있으므로 마음 빛의 표현인 5요소의 색채파장에 늘 반응하고 있습니다. 그러므로 색채를 이용한 몸 치유와 심리치유를 밖에서 찾지 않아도 우리 자신에게 갖추어져 있는 마음 빛의 현상인 5가지 색채 파장을 명상[觀想]하여 대자유를 얻을 수 있는 것입니다. 그러므로 이제 5가지 색채 파장을 활용하여 인체의 차크라에 흐르는 심리와 잔영으로 쌓여 있는 심리들을 정화하고 치유하는 오색차 명상을 해보도록 합니다.

3. 감정과 심리를 정화하는 오색차 명상

5색은 마음 따라 심리현상이라

마음 밖 따로 있다 착각 마라

찻물색 따라 춤추는 마음 몸 흔들림

쉬는 마음 몸 평안 누가 훔치리

파랑색은 얼굴에 나타나는 화와 무지를 다스리며, 녹색은 시기질투와 불안감을, 붉은색은 탐욕을, 흰색은 슬픔, 화냄으로 인하여 생기는 가슴의 아픔, 응어리, 삿된 견해 등을, 노랑색은 자만과 고집을 다스립니다. 즉 5색채가 감정과 심리를 다스립니다.

지금부터 오색차 명상을 시작합니다.

◎ 시작을 알리는 동종을 친다.

▷ 동종 소리의 울림을 따라가면서 마음을 집중합니다.

▷ 파랑색[청색] – 녹색 – 붉은색 – 흰색 – 노랑색의 5색이 심리적임을 상기하고 이해합니다. 그리고 이 5색이 몸과 심리에 영향을 준다는 것을 상기하고 이해합니다.

▷ 차상 위에 다섯 색의 찻잔을 좌측으로부터 우측 방향으로 파랑색 찻잔, 녹색 찻잔. 붉은색 찻잔, 흰색 찻잔, 황금색 찻잔의 순서로 일정한 간격으로 나열하고 각기 5색 찻잔에 찻잔

의 색과 같은 5색의 찻물을 따릅니다.

▷ 다음, 좌선 자세 또는 정좌를 하고 찻잔을 20초~30초 정도 바라봅니다. 이 지켜봄은 곧 심리적으로 불안하거나 또는 안정됨을 경험할 수 있습니다.

▷ 다음, 눈을 감고 5색 찻잔 중에 선명하게 떠오르는 찻잔이 있는지 살펴봅니다.

▷ 다음, 눈을 뜨고 선명하게 떠올랐던 찻잔의 차를 마십니다. 찻물이 목을 타고 몸 안으로 내려갈 때 그 찻물의 색을 선명하게 상상하며, 찻물이 온몸에 스며드는 것이 마치 모래에 물이 스며드는 듯이 연상합니다. 각 색채는 몸에 영향을 주며 또한 색채는 심리적으로도 마음에 영향을 줍니다.

▷ 다음, 찻물의 선명함 순으로 차를 마십니다.

▷ 색차를 한 가지씩 마실 때마다 30초 정도 몸과 마음의 상태를 살핍니다.

▷ 마지막 찻잔의 색차를 마신 후에는 1분 정도 가만히 몸과 마음의 변화를 살핍니다.

◎ 차 명상을 끝내는 죽비를 친다.

만일 5색 찻잔이 없을 때 백색 찻잔에 5색 찻물을 따르면 찻잔이 백색이므로 5색의 찻물이 더욱 선명해 집니다. 그리고 찻물의 색채를 지켜 본 후에 앞에서와 같이 명상해 가면 됩니다.

몸과 마음을 치유하는
오색차 명상

1. 본성회복의 대자유인을 위한 차 명상

1. 마음의 청명한 빛

우리는 몸과 마음, 또는 나와 남이 대립하는 경계선 속에서 갈등을 겪으면서 살고 있습니다. 수행이란 경계선을 무너뜨리고 한마음에 돌아가는 것입니다. 한마음이란 자타自他, 득실得失, 유무有無, 미추美醜, 생사生死 등 둘로 나누어지는 경계선 때문에 일어나는 모든 괴로움이 사라진 무경계입니다.

무경계, 무분별의 한마음에 이르고자 하는 여러 가지 길 가운데 하나로서 오색차 명상이 있습니다. 이 오색차 명상의 핵심은 바로 차의 색에 있습니다. 유정有情[지각 있는 존재, 생명체], 무정無情[비생명체]의 모든 세계는 차별경계를 이루고 있으며 색채로 구분됩니다.

이처럼 존재를 구분시키는 색채의 근원은 무엇일까요? 『화엄경』 「화장세계품」에서는 일체 세계는 모두 빛과 음성으로 이루어졌음을 설합니다.[44]

빛[光]은 입자이거나 파동 또는 둘 다입니다. 바로 몸과 우주를 이루는 근본요소가 빛임을 이야기합니다. 또 빛으로 이루어지는 모든 것의 근본 인자인 흙·물·불·바람·허공 등 다섯 요소는 빛의 다섯 색의 표현이며, 우리 몸의 모든 분자도 이 다섯 요소[5대, 五大]의 조합으로 이루어져 있습니다. 몸과 우주는 각기 다른 요소와 그 색채로 이루어져 있습니다. 즉, 빛의 표현입니다. 오색차 명상은 5가지 색채의 차를 통해 5색의 근원인 한마음, 즉 마음의 자성광명으로 회복하도록 하는 것입니다.[45]

다섯 요소는 마음 자체에 기반을 이루면서 또한 현재 의식에 의해 생성됩니다.[46] 여기서 마음이란, 시각·청각·후각·미각·촉각의 다섯 감각과 의식, 잠재의식인 말나식[자아의식], 모든

---

44 해인사 목판본 『80화엄경권』 「제8 華藏世界品」 제5의 1, 11쪽–12쪽.

45 『梵網經』 「盧舍那佛說菩薩心地戒品」 第十卷下.
  '광명은 푸른 것도 아니며, 노랑 것도 아니며 붉은 것도 아니며, 흰 것도 아니며, 검은 것도 아니며, 빛깔도 아니요 마음도 아니며, 있는 것도 아니고 없는 것도 아니며, 인과의 법도 아니니, 곧 여러 부처님의 근본이며, 보살도를 행하는 근본이며, 여러 불자 대중의 근본이니라.'

46 아비달마에서는 음식물·온도·업·마음 등 네 가지가 흙·물·불·바람을 생성시킨다고 설하고 있습니다.

정보를 함유하고 또한 모든 정보를 방출하는 아뢰야식을 말합니다. 이 모든 마음도 근원적인 마음의 빛[心光明—淨光明]에서 나왔습니다.[47] 즉 한마음으로 표현되는 빛에 따라 세계와 인간에 대해서 설명할 수 있는 5요소[48]로 이루어진 모든 것은 그대로 색으로 표현되는 빛이라는 것입니다.

그런데 우리가 느끼는 색채에는 심리적인 요인이 숨어 있어 신체적인 반응을 일으키며 심리적인 반응도 나타냅니다. 다섯 요소에서 나온 색채에는 노랑색, 흰색, 녹색 · 붉은색 · 파랑색이 있습니다. 왜 이 다섯 색채인가 하면 명상 뿐만 아니라 임종시에도 이 다섯 색으로 나타나는 각기 다른 요소들을 경험할 수 있기 때문입니다.

또한 『입모태경入母胎經』에서는 영靈이 입태했을 때 38주간 중에서 첫 7일에 흙 · 물 · 불 · 바람의 요소가 나타나면서 육체를 이루기 시작한다고 합니다.

흙의 요소는 몸의 구성요소 중 뼈와 살 같은 몸의 단단한 부분을 만들며 노랑색입니다. 물은 피와 소변 같은 액체를 만들며 흰색입니다. 붉은색의 불은 육체를 성숙시킵니다. 즉, 육체의 열을 만들고 음식물을 소화시키는 등 신진대사와 관련이 있습니다. 녹색의 바람은 호흡 뿐만 아니라 몸속에 있는 진동 같은 움직임,

---

47 『원각경』「위덕자재보살장」, p. 229.
48 5대는 다섯 가지 성질을 이야기하므로 5원소가 아닌 5요소라고 하였습니다.

말하는 것, 생각을 일으키는 것 등의 모든 에너지의 운동입니다. 파랑색의 허공은 다른 네 가지를 모두 포함하며 우리 몸의 비어 있는 공간 부분이 그것입니다.

그 때문에 죽음의 순간에 의식의 지지대인 몸을 구성하는 이 다섯 요소의 해체가 진행될 때 나타나는 이 다섯 색채를 임종자가 내적으로 체험하게 되며 또한 명상 중에도 이것을 체험하는 것입니다. 그러므로 5요소의 색채와 같은 찻물을 마시면 몸과 마음이 상응하여 반응하는데 이것을 꼭 알아차릴 필요가 있습니다.

5요소의 마음 색채는 고유의 파장과 진동수를 갖고서 신체에 영향을 줍니다. 세포의 DNA 자체는 다른 것과의 관련 속에서 존재하므로[49] DNA는 이 색채들의 파장과 진동의 영향을 받을 수밖에 없고, 따라서 오색차 명상은 심신의 질병에 대한 치유 효과가 있습니다.

몸과 마음에 영향을 주는 색채의 근원은 마음의 자성광명입니다. 그렇지만 자성광명에서 색채가 바로 나온 것이 아닙니다. 5요소의 몸을 의지하여 대상을 인식할 때 일어나는 탐욕과 성냄, 그리고 어리석음에 빠져 선악을 시비하는 분별과 감정을 통

---

49 모든 존재는 불변적 본질이나 내재적 실재성이나 고립을 뜻하는 절대적 존재를 갖고 있지 않다는 점에서 공空입니다. 따라서 모든 존재는 상호의존적이며 상호 간에 영향을 주고받으므로 시간상으로 무상無常하지 않을 수 없습니다.

해 나오는 색채는 모이면 모일수록 어두워집니다. 반면 마음의 빛이 5요소의 몸을 의지하되 지혜에서 나오는 색광은 모이면 모일수록 청명하게 밝아집니다. 즉, 지혜의 맑고 투명한 성품이 5요소를 의지하여 색色으로 나타나기 때문에[50] 5요소의 각 요소는 이러한 지혜의 색인 맑고 투명한 5색을 낳는 것입니다.

이처럼 5요소는 심리와 색채를 일으키므로 심리가 어두우면 그 색채도 어둡고, 심리가 밝으면 그 색채도 따라서 밝고 투명해집니다. 즉, 색채는 심리의 반영입니다. 그러므로 오색차 명상 중에 선명하게 색채를 떠올릴 수 없거나 선명하지 못한 색채가 연상된다면 이는 본인의 까르마의 색이 올라온 것입니다.[51]

그러므로 반복하여 5색 명상을 꾸준히 하고 자기 자신을 상대로 사랑과 연민심을 가지고 명상을 하면 선명하게 색이 나타납니다. 하지만 직접 지혜에 의해서 빛이 나온 것이 아니라 자비심에 의해서 나왔으므로 자주 법문을 듣고 사유하면서 명상을 하여 지혜를 개발하게 되면 색이 선명해집니다.

---

50 『대승기신론』, '以智性卽色故 說名法身. 以色性卽智故로 色體無形을 說名智身'.
    색이 지혜의 성품이므로 공성을 깨달으면 법신을 이룸과 함께 색신色身인 보신報身과 응신應身, 화신化身을 낼 수 있습니다. 5요소의 요소에 의해 이루어지는 물질[色]은 그 성품이 지혜이며, 물질의 체는 무형으로 지혜의 몸입니다.

51 색채를 떠올리는 것은 모두 몸을 의지해야만 가능합니다. 마음이 독자적으로 행동하는 것이 아니라 의타기성依他起性이기 때문입니다.

2. 심광명心光明과 시각始覺의 상봉

명상의 목적은 괴로움을 정확하게 알고 그 괴로움에서 벗어나고자 하는 것입니다. 괴로움 중에서 가장 큰 괴로움은 늙고, 병들고, 죽는 문제입니다. 마음의 본성은 청정하여 탐욕과 성냄과 어리석음이 없습니다. 탐욕은 늙게 하고, 분노는 병들게 하며, 죽음이 없는 마음의 본성을 모르는 어리석음은 죽음을 가져옵니다.

탐 · 진 · 치 삼독이 없는 청정한 마음의 본성은 늙고 병들고 죽는 것이 없습니다. 다시 말하자면, 본성청정은 생사生死가 없습니다. 그러나 늙음, 병, 죽음은 생멸합니다. 생멸은 생사입니다. 따라서 본성청정의 불생불멸과 늙음, 병, 죽음의 생멸은 서로 만날 수 없어 접촉이 불가능합니다.[52] 그러므로 본성청정을 회복하기만 하면 주름살에서 해방될 수 있으며, 흔한 감기에서도 벗어나며 죽음마저 완전히 벗어나게 되므로 대자유가 아닐 수 없습니다.

---

52 김윤수 역주,『여래장 경전 모음』, p. 609.
　　'이 마음에는 자성청정도 있고 번뇌의 장애도 있다. 이와 같은 두 가지 법은, 무류계無流界 중에서는 선심과 악심은 홀로 스스로 작용하므로 한순간 중에는 두 가지 마음은 상응하지 않기 때문에, 이 두 가지 법은 통달하기 어렵다. 마치『승만경』에서 '세존이시여 선심은 순간순간 멸하여 머물지 않으므로 모든 번뇌가 붙들일 수 없고, 악심도 순간순간 멸하므로 모든 번뇌가 역시 물들이지 못합니다. 세존이시여, 번뇌는 마음과 접촉하지 않고 마음은 번뇌와 접촉하지 않는데, 어떻게 접촉 없는 법이 마음을 물들일 수 있겠습니까?'라고 말하는 것과 같다. 이와 같이 아는 것을 여리지如理智라고 이름 한다.'
　　『불성론』권3.

그렇다면, 늙음과 질병 그리고 죽음에서 벗어날 수 있는 방법은 없을까요? 우리는 여러 가지 종류의 수행방법에 의하여 청정한 본성을 만날 수 있으며, 청정한 본성을 만나면 죽음에서 벗어날 수 있습니다. 그리고 그 본성청정은 마음의 청명한 빛[心光明][53]의 다른 이름입니다.

본성청정을 원각경에서는 '마음 빛[心光明]'이라고 합니다. 즉 마음의 본성이 바로 빛이라는 겁니다. 그리고 이 빛에서 무변허공이 나왔고, 무변허공에서 흙 · 물 · 불 · 바람의 4요소가 나왔다고 설하고 있습니다.[54] 무변허공은 4요소의 바탕입니다. 무변허공과 4요소를 합하여 5요소라고 합니다. 심광명에서 나온 5요소는 당연히 마음이면서 5가지 색광을 가지고 있습니다. 즉, 마음과 빛은 하나이면서 둘이며, 둘이면서 하나임을 알 수 있습니다. 그래서 마음의 본성은 빛이며 마음의 특성은 대상을 아는 것이므로 의식은 명상을 통해서 명료해집니다.

5요소의 색광色光은 몸과 마음과 우주의 근원입니다. 『화엄경』「화장세계품」에서는 일체 세계는 모두 빛과 음성으로 이루

---

53 함허득통 주해, 원순 풀이, 『원각경』「위덕자재보살장」, p. 229.
    밀교에서는 극미세의식이라고 하기도 하며 청명한 빛의 마음[淨光明]이라고도
    합니다.
54 상동.「보안보살장」 pp. 68-69.
    '우리는 그 사물을 인식하게 된다.'

어져 있음을 설하고 있습니다.[55] 그렇다면 역설적으로 5가지 색광을 상상으로 떠올려 관하면[觀想] 관찰 대상인 몸을 이루고 있는 5요소의 색채 파장과 접촉이 이루어지고, 몸에서 5요소의 색광으로 들어가 마음광명을 만날 수 있는 것입니다. 요즘 과학에서 상상 속에서 대상에 대해 사고 실험하는 방법과 유사합니다. 정리하면, 상상의 5가지 색광이 몸의 5요소의 색광에 접촉한 다음 몸의 5요소의 색광이 반응하는 것이 심광명이라고 할 수 있습니다.

이제 5가지 색채를 떠올려 관상합니다. 이 관은 곧 5가지 색채가 상상의 마음이므로 관찰 대상인 '마음빛'인 마음과 같은 마음입니다. 그러므로 주관의 관상하는 마음과 객관의 마음광명의 마음은 같은 마음이므로 서로 통하여 마음의 본성인 빛을 깨달을 수 있습니다. 물론 '5가지 색채를 상상하는 그것이 현실적으로 영향이 있느냐?'라는 의문이 있을 수 있습니다. 그러나 뇌 과학에서는 '눈으로 직접 사물을 인식하는 것'과 '상상으로 사물을 인식하는 것'도 반응은 '같다'라고 합니다.

그리고 마음광명은 본각本覺인 어머니와 같습니다. 마치 하늘에서 생긴 구름이 하늘에서 사라지듯이, 물거품이 물에서 생겼

다가 다시 물로 돌아가듯이, 원각경에서는 청명한 마음빛[원각]에서 모든 것이 나왔다가 다시 마음빛으로 되돌아감을 설합니다.[56] 또『대승기신론』에서는 자녀인 시각始覺이 어머니인 본각에서 나와서 무명 불각不覺을 소멸하고 다시 어머니인 본각으로 되돌아가서 하나가 되는 것을 구경각이라고 하고 있습니다.[57]

정리하면 심광명은 본각인 어머니와 같고, 5가지 색광을 관상하는 마음인 시각은 자녀가 되는 것입니다. 즉 모자상봉인 셈입니다. 그러므로 수행을 통하여 심광명으로 되돌아가기 위해 5가지 색광을 관상하는 마음인 자녀 시각이 어머니인 심광명을 만나는 것은 곧 불사不死의 대자유를 얻는 것입니다.

3. 인체를 이루는 5가지 색의 파장과 차의 5색 관상과의 상응

『청정도론清淨道論』에는 이미 푸른색 · 노랑색 · 붉은색 · 흰색 그리고 광명을 대상으로 하여 집중하는 사마타 수행법을 선보이고 있습니다.[58] 다만 차의 5요소의 다섯 가지 색을 관상하는 것은 삼법인의 지혜를 얻어 존재의 근원에 도달하고자 하는 것입니다.

---

56 상동.『원각경』「보현보살장」, p. 87.
 '허공의 꽃이 허공에서 나왔다가 허공에서 사라지더라도 허공의 성품이 무너지지 않는 것과 같다.'
57 『대승기신론』권2「심생멸문의 각의覺義」부분 참조.
58 붓다고사 지음, 대림 옮김,『청정도론』1권, pp. 427-431.

　5요소의 5가지 색채는 두 가지가 결합되어 있음을 알 수 있습니다. 5요소는 물질을 이루는 요소이면서 동시에 심리를 일으키기 때문입니다.

　첫째, 물질을 이루는 5요소를 보겠습니다. 앞서 『입모태경入母胎經』에서 영靈이 입태했을 때 38주간 중에서 첫 7일 동안 흙·물·불·바람의 5요소가 나타나면서 육체를 구성한다고 밝혔습니다. 이때 5요소의 빛[能造色]이 바로 물질을 이루는 요소라는 것입니다. 이처럼 초기 불교에서도 빛의 색을 통해서 5요소들의 특징을 표현했다는 것을 알 수 있습니다.

　둘째, 심리를 일으키는 5요소를 보겠습니다. 5요소는 5가지 색의 파장입니다. 파장은 바람의 요소로 심리[생각]를 일으킬 수 있습니다. 따라서 차의 5가지 색을 명상하는 것은 5요소의 5가지 색채에 따른 마음 작용을 두루 살피기 위해서입니다.

　이처럼 5요소의 5가지 색[能造色]은 몸을 만들고[所造色] 심리[마음]를 이루는 원인입니다. 따라서 5요소를 자극하는 '접촉의 명상법'이 필요하며 그 명상방법이 바로 찻물의 5가지 색을 관상하는 '오색차 명상법'인 것입니다. 이 5가지 요소로 이루어진 몸[所造色]은 차의 5가지 색채와 상응관계를 이루고 있습니다.

　몸을 이루는 5요소에 색채 파장[所造色]을 자극하는 차의 5가지 색 명상에 의하여 상응관계를 이루고, 그 사이에는 물질적 정신적 현상이 나타납니다. 이 상응관계의 성립은 몸도 심광명에서 나온 5요소로 이루어져 있으며, 오색차 명상도 심광명에서 나온 5요소의 마음이므로 심광명이 어머니인 본각本覺입니다. 5요소의 색을 관하는 마음은 어머니인 근원[심광명]으로 돌아가려고 하는 자녀인 시각始覺인 것입니다.

밖의 경계인 색채는 몸과 마음에 자극을 주는 것이므로 차의 5가지 색에 관하여 명상을 하지 않아도 부정적인 심리와 긍정적인 심리 등이 나타납니다. 그렇지만 오색차 명상을 하면 5가지 색채가 아뢰야식을 자극하여 저장되어 있던 심리들이 일어나도록 하고, 일어난 여러 심리를 무상·고·무아의 삼법인으로 깨어나게 합니다.

궁극에는 색色으로 이루어진 몸[色體]은 텅 빈 무형임을 깨달아 지혜의 몸을 이루는 대자유를 얻는 것입니다. 즉, 근원으로 돌아가 대자유를 얻는다는 것은 몸과 마음에 영향을 주는 색채의 근원인 심광명으로 돌아가는 것입니다. 그러므로 심광명에서 색채가 나옵니다. 그것이 몸을 이루고 또한 외부의 색채에 반응하는 것입니다.

즉, 파장으로 이루어진 색채는 5가지 요소의 몸을 의지하여 대상을 '고정·분리·스스로 존재하는 것'으로 인식하며 그 인식을 따라 일어나는 심리는 바로 탐욕과 성냄입니다. 왜냐하면 '고정·분리·스스로 존재하는 것'으로 인식하여 아는 것은 어리석음 즉 무지이기 때문입니다. 그리고 탐진치에 빠져 선과 악을 시비하고 사물을 분별하고 감정을 일으키는 것은 어둡고 탁하며 무겁고 날카로우므로 어두운 색채 파장에 반응합니다.

그러므로 5요소로 이루어진 몸을 의지하여 대상을 고정되고 독립된 것으로 보는 것을 무상으로 알아야 하며, 분리되어 있는 것으로 알고 있는 것을 상호의존하고 있는 것으로 보아야 합니다.

또 스스로 실체성을 가지고 있는 것으로 착각하고 있는 존재를 무자성無自性으로 보고 아는 지혜는 청명하고 밝은 색채에 반응합니다. 지혜는 맑고 텅 빈 성품이기 때문이며, 지혜는 공성을 아는 마음이므로 지혜의 성품은 공空하지만 색입니다. 지혜와 공성은 마치 물에 물을 타면 물의 경계가 없듯이 경계가 사라진 그 자리가 심광명입니다. 곧 심광명 그대로 밝고 투명한 색채입니다.

그러므로 '오색차 명상'은 몸과 마음에 영향을 주는 색채의 근원이 심광명心光明임을 자각하는 것입니다. 5요소에 의해 이루어지는 물질[色]은 그 성품이 지혜이며, 물질의 '체'는 무형으로 '지혜의 몸'이라고 『대승기신론』에서는 설하고 있습니다.[59]

---

[59] 『대승기신론』, 권5 「용대用大」.
'以智性卽色故 說名法身. 色心不二 以色性卽智故로 色體無形을 說名智身이라.'

2. 인체의 차크라에 대응되는 5요소의 색채 심리

1. 몸의 생명에너지 통로와 구조

색이 있는 차를 마시게 되면 인체를 구성하는 5요소와 상응하게 되고 영향을 받게 되며 꼬리뼈 밑에 잠자고 있는 생명에너지가 깨어날 수 있습니다. 오색차를 마실 때에는 5원소의 차크라로 연결되는 통로가 영상으로 그려지고, 찻물색이 이 통로를 따라 내려가고 오르고 할 때마다 생명에너지 센터인 차크라에 영향을 줍니다. 그래서 머물고 있는 심리를 정화하여 몸과 마음의 치유효과 뿐만 아니라 미세한 마음의 수위를 이끌어내는 역할을 하는 것입니다.

5원소의 에너지 통로에 있는 정수리, 이마, 목, 가슴, 배꼽, 단전, 회음부 등의 일곱 생명에너지 센터는 오색차 명상으로 집중해야 할 지점이기도 합니다. 따라서 이 에너지 센터를 중심으로 생명의 기운이 움직이기 때문에 우리의 심리상태를 점검할 수 있습니다.

이 생명의 기운은 첫째, 바람[에너지]의 움직임입니다. 둘째, 연꽃의 모습을 나타내며 또한 소리가 일어납니다. 셋째, 5요소의 색채가 나타납니다.

먼저, 생명 에너지의 움직임에 대해 알아보겠습니다. 몸 안에는 동맥, 정맥, 맥관, 신경 등을 포함하여 보이는 통로와 보이지 않는 통로가 7만 2천 개에 달합니다. 이들은 모두 임신 직후 심장이 될 부분에서부터 자라납니다. 이들 중 가장 중요한 세 가지 통로는 눈썹 사이에서부터 시작하여 정수리를 지나 척추의 전면을 타고 내려와 성기의 끝까지 뻗쳐 있는, 즉 정수리에서부터 회음부까지의 일곱 생명 에너지의 센터를 관통하는 곧은 중앙에너지 채널에 기운의 흐름이 있습니다.

그 중앙에너지 채널의 좌측에는 음 기운이 흐르는 에너지 채널이 있고, 우측에는 양 기운이 흐르는 에너지 채널이 있습니다. 이 세 개의 통로를 중심으로 72,000개의 기운이 흐르는 통로가 몸 전체에 퍼져 있습니다. 이 생명 기운의 통로에 21,600개의 기운이 발화되어 다양한 생각과 말과 행위들을 일으킵니다.

이 세 개의 통로를 중심으로 하여 흐르는 기운이 교차하는 지점에 일곱 개의 차크라가 있습니다. 이 일곱 개의 차크라는 심리가 모여 있는 장소이기도 합니다. 바람의 생명에너지가 상승할 때 몸을 통해 나타나는 심리들이 정화되어 마음의 안정이 옵니다. 즉, 고요함[定]이 일어납니다. 그렇지만 에너지가 상승하지 않으면 심리들이 사라지지 않습니다.

그러나 마음의 5색의 자극에 에너지가 각성되지 않는다고 하더라도 일곱 개의 차크라는 5요소와 관련이 있기 때문에 오색차 명상을 하면 고유의 파장과 진동수를 가지고 있는 5가지 색채가 일곱 에너지 차크라에 영향을 줍니다. 그래서 일곱 차크라에 쌓여 있는 심리들을 정화할 수 있습니다.[60]

이렇게 음양의 기운이 음과 양으로 각각 교차하면서 회음부에서 정수리로 흐르는 것은 윤회의 길이며, 음양의 기운이 합쳐져서 중앙으로 곧게 정수리로 올라가는 것은 모든 속박에서 벗어나는 해탈의 길이라고 합니다.

중앙 통로의 일곱 개의 센터에서 피는 연꽃잎은 모두 차크라의 모습이며, 에너지가 상승할 때 각 차크라에서 피는 모습이기도 합니다. 생명에너지가 상승할 때의 상황을 다음과 같이 숙지하면 좋습니다.

① 첫번째 단계는 불의 생명에너지라고 한다. 회음부의 차크라 → 단전 → 배꼽 → 가슴의 차크라까지이다,

② 두번째 단계로 일어나는 생명에너지는 태양의 에너지라고 한다. 가슴 → 목 뒤쪽의 차크라까지이다,

③ 세번째 단계로 일어나는 생명에너지는 달의 에너지라고 한

---

60 『티벳 死者의 서』, 정신세계사, p. 496 참조.
참고로 탄트라에서는 각각의 차크라를 연꽃잎의 숫자로 나눕니다. 의식을 구성하는 요소들이 바르도(이승과 저승의 중간세계)에 나타날 때 이것은 그것들을 구분하는 실마리가 됩니다. 특히 가슴 에너지 센터의 연꽃은 12개의 꽃잎을 가진 붉은색 연꽃으로 그려지며, 각각의 꽃잎은 다음과 같이 성격의 주된 요소들(희망, 걱정·근심, 노력, 나의 것이라는 느낌, 자만 또는 위선, 권태, 속임, 분별, 탐욕, 표리부동, 우유부단, 후회)을 나타냅니다.

다. 목 뒤쪽의 차크라 → 정수리 차크라 끝까지이다. 그래서 이 정수리 차크라에서 달의 에너지로 현현한다고 한다.

그러나 생명에너지의 상승을 방해하는 것이 있는데 바로 매듭입니다. 단계마다 서로 생명에너지를 막고 있거나 묶고 있는 매듭을 풀어야 합니다.[61] 이러한 각 단계에서 매듭의 풀어짐이 연속되면 몸과 마음의 변화가 가능해집니다. 그러나 각각의 차크라에 얼마 동안 머물러 있는가 하는 것은 각자 다릅니다. 즉, 잠재성향을 가진 감정, 심리 등 각자 과거에 지은 까르마[業]의 영향과 현재 집착하는 마음, 그리고 업보적인 행위 등에 따라 다릅니다.

---

61 달라이 라마 지음, 이종복 옮김, 『달라이라마, 죽음을 이야기하다』, pp. 153-
154.
'오른쪽과 왼쪽의 에너지 통로는 심장에서 중앙의 에너지 통로를 세 번 휘감는다. 또한 각각의 에너지 통로는 스스로 고리를 만들면서 아래를 향하기 시작한다. 이 결과 열여섯 겹의 죄어진 부분이 심장에 위치하는데, 이것이 중앙의 에너지 통로에 위치한 바람의 통로를 방해한다. 이 죄어진 부분은 매우 엄밀한 부분이기 때문에 심장은 명상 도중에 집중하기가 위험한 부분이다. 만일 적합한 명상의 방법이 사용되지 않는다면 신경조직을 망가뜨릴 수 있으니 조심해야 한다. 각각의 중심점들, 즉 미간, 정수리, 인후, 심장, 명치, 척추의 근저, 성기에서 오른쪽과 왼쪽의 에너지 통로들이 중앙의 에너지 통로를 한번씩 휘감는다. 또한 각각의 에너지 통로는 그 자신을 한번씩 휘감는데, 이로 인해 두 개의 죄어진 부분이 만들어진다. 오른쪽과 왼쪽의 에너지 통로는 바람으로 팽창되어 중앙의 에너지 통로를 막음으로써 바람이 움직이지 못하도록 한다. 이들 죄어진 부분들은 '매듭'이라고 불린다. 정리하자면, 에너지 통로의 구조와 차크라에 대한 설명과 그림은 수행을 위한 도구일 뿐이다. 이는 실제 모습이나 위치와 정확히 일치하지 않으며, 사람마다 큰 차이가 있다.'

이러한 매듭을 풀기 위하여 오색차 명상이 필요합니다. 만약 까르마의 영향이 강하게 작용하여 에너지의 매듭을 풀기 어렵 다면 남을 이롭게 하는 깨달음의 씨앗[이타利他의 보리심菩提心]인 보리심을 일으켜 보리행菩提行을 함께 실천하면 마음의 매듭이 차츰 풀어지며 동시에 몸속의 보이지 않는 수많은 매듭이 풀어 지게 됩니다.

보편적으로 이야기되고 있는 일곱 개 차크라의 연꽃과 소리 는 다음과 같습니다.[62]

① 대환희의 차크라 — 정수리 안에 있으며 32개의 꽃잎[63]을 가진 연꽃이 핀다고 합니다. 이 차크라는 손가락 네 개 정도 넓 이로 정수리 안에 자리 잡고 있다고 합니다. 모든 색채를 일시 에 발하며, 모든 감각과 기능을 포괄하고, 그 힘으로 모든 것에 충만하게 스며듭니다. 형상은 원圓으로 상승하는 질서의 다양한 단계를 초월하며 궁극적으로는 초우주적이며 초월한 공空의 상 태입니다. 거꾸로 선 연꽃은 미세한 몸에 빛을 쏟아 붓는 것을

---

62 여기에서 연꽃잎의 숫자는 불교 탄트라에서의 주장이며 힌두교의 탄트라에서 는 숫자가 다릅니다. 소리도 힌두교 탄트라의 주장입니다.
63 상동. pp. 152-153.
'이것이 대환희의 차크라라고 불리는 이유는 환희의 근거인 백색의 정액(精液) 이 그 가운데에 있기 때문이다.'

상징합니다.[64]

② 양 미간 사이의 차크라 ― 이 차크라의 연꽃은 16개의 꽃잎을 가지고 있고 두 장의 백색 연꽃잎이 핀다고 합니다. 이 차크라는 의식이 지혜로 개방되는 장소로서 여기가 열리는 것을 제3의 눈을 얻는다고 합니다.

③ 즐거움의 차크라 ― 인후 뒤쪽의 차크라는 목젖 가운데에 위치해 있습니다. 또는 숨골과 척추와의 접합 지점에 위치하고 있다고 합니다. 이 차크라는 16개의 탁한 보라색 연꽃잎이 피는데 이곳을 즐거움의 차크라라고 부르는 이유는 맛을 감지하기 때문입니다. 이 차크라는 허공[空, 공간]의 요소로서 이 차크라를 통과할 때는 우주의 음音인 '옴'을 듣게 됩니다. 우주의 소리인 옴은 느낄 수 없는 소리입니다. 왜냐하면 감각의 영역을 넘어선 소리이기 때문입니다.

④ 현상의 차크라 ― 심장에 위치해 있으며 8개의 꽃잎을 가지고 있습니다. 이 차크라를 '현상의 차크라'라고 하는 이유는 모든 현상의 근원인 가장 미세한 마음과 바람이 머물고 있기 때문입니다. 이 차크라는 심장 부근의 척추에 있는데 8장의 짙은 적색 연꽃잎이 피며, 생명에너지가 이 차크라를 떠날 때는 플룻의 음악 소리를 듣게 됩니다.

⑤ 발산의 차크라 ― 배꼽 근처에 있으며 64개의 연꽃잎이 핀

---

64 힌두교 탄트라의 주장입니다.

다고 합니다. 이 차크라를 발산의 차크라라고 부르는 이유는 요가 수행을 통하여 점화되며, 거대한 환희를 일으키는 도구인 내적인 불꽃이 머물고 있기 때문입니다. 생명의 열에너지가 이 차크라를 떠날 때는 종소리를 듣게 됩니다.

⑥ 환희 지속의 차크라 — 치골에 있으며 32개의 꽃잎을 가지고 있습니다. 이 차크라를 환희를 지속시키는 차크라라고 부르는 이유는 가장 깊은 정도의 환희가 치골로부터 지속되기 때문입니다. 또한 배꼽 아래 단전의 차크라에는 32장의 주홍색 연꽃잎이 핀다고 합니다. 생명에너지가 이 차크라를 떠날 때는 발목 장신구의 딸랑거리는 소리를 듣게 됩니다.

⑦ 보석의 중심 차크라 — 성기의 끝에 위치하며 16개의 꽃잎을 가지고 있습니다.[65] 생명에너지가 이 차크라를 떠날 때는 귀뚜라미의 울음소리를 듣게 됩니다.

2. 차크라와 5요소의 이중 구조

일곱 개의 생명에너지 센터[차크라] 중에서 정수리는 허공 요소의 파랑색입니다. 이마는 바람의 요소로 검정색입니다. 목은 불의 요소로 붉은색이며 가슴은 물의 요소로 흰색이고 배꼽은 흙의 요소로 노랑색이며 배[단전]는 바람의 요소로 녹색이며 생식기 주변의 차크라는 흙·물·불·바람의 요소로 노랑색, 흰

---

65 또 다른 설에는 생식기 주변의 차크라에는 4장의 붉은 연꽃잎이 핀다고 합니다.

색, 붉은색, 검은색입니다. 각각 생명에너지 센터가 생명에너지의 근거지가 됩니다. 또한 심리가 일어나면 각 차크라는 그에 따라 반응합니다.

이와 같이 몸 안의 에너지 통로와 그 구조는 몸의 일곱 곳에 중요 차크라와 5색을 배치하고 있음을 알 수 있습니다.[66] 때문에 인체의 중요한 7개의 차크라에는 5가지 색의 심리가 일어나는 장소이며 스크린 역할도 합니다. 뿐만 아니라 바람의 요소 즉 에너지가 모여 있고 사통팔달하는 에너지의 흐름이 있습니다. 그러므로 에너지가 있는 곳에는 여러 심리가 발생하고 심리의 잔영이 쌓여있는 곳이기도 합니다. 이를 '오색차 명상'과 함께 살펴보면 다음과 같습니다.

정수리 — 허공의 요소이며 무색 또는 파랑색인데 물의 요소로 바뀔 때는 흰색이다.

미간 — 바람의 요소이며 검정색이다.

---

66 『달라이 라마, 죽음을 이야기하다』, pp. 154-155에 이에 대한 부분이 언급되어 있습니다. 그리고 영문으로 된 두 권의 티벳 의학 안내서와 만달라집을 주로 참고하였습니다.
The Book of Tibetan Medicine; Ralph Quinlan Forde, Octopus Publishing Group Ltd., 2008.
Healing With Form, Energy, and Light, and Dzogchen; Tenzin W. Rinpoche, Snow Lion Publication, 2002.
The Mandala; Martin Willson, Serindia Publications, 1997.

목 — 불의 요소이며 붉은색이다.

가슴 — 물의 요소일 때는 흰색이며 허공의 요소로 바뀔 때
는 파랑색이다.

배꼽 — 흙의 요소로 노랑색이다.

배[단전] — 바람의 요소로 녹색이다.

회음부 — 흙·물·불의 요소로 노랑색 흰색, 붉은색 또는
검정색이다.

이와 같이 몸의 일곱 차크라에는 정수리부터 배꼽까지의 5요소
와 배꼽부터 회음부까지의 5요소의 이중 구조로 되어 있습니다.

번뇌인 부정적인 감정과 생각이 생기면 그 번뇌는 탁하고 무
거운 기운이므로 배꼽에서부터 회음부까지 내려갑니다. 마음이
아래로 내려가면 윤회의 길로 가게 됩니다. 또 배는 자궁이 있는
곳이므로 윤회의 통로이며, 회음부는 성기가 있는 곳으로 5요소
의 심리를 일으킵니다. 즉, 자아[노랑색]를 근거로 하여 무지[흰
색], 정욕[붉은색], 증오[검은색]를 일으킵니다. 그러므로 자아와
분노와 정욕, 그리고 무지로 인하여 윤회의 길로 가게 되는 곳입
니다.

배꼽은 흙의 요소인 차크라가 있는 곳으로 노랑색이며 자아
심리가 일어나는 곳입니다. 자아는 나[我]라고 집착하여 남과 나
의 차별을 낳습니다. 이렇게 분별하고 차별한 뒤에는 자기 자신
을 탐애하고 상대방을 미워하고 증오하게도 됩니다. 또한 이러

한 조건으로 오만이 생기며, 자기 자신을 절대주의[常見]와 허무주의[斷見]로 집착하고 아견 · 사견 등 이와 관련되는 악행을 서슴없이 저지르게 되는 집착을 일으킵니다. 배꼽 아래로 내려간 기운과 그 기운을 탄 마음이 탐진치의 부정적인 감정과 삿된 견해를 갖기 때문입니다.

그 결과로 지옥 · 축생 · 아귀의 심리가 생기고, 결국 삼악도의 과보를 받게 됩니다. 이와 같은 이치를 알 수 있는 현상으로 사람이 죽을 때 선행을 한 이들은 발부터 체온이 식어가면서 그 기운이 머리 쪽으로 올라가고, 악행을 한 이들은 머리에서부터 발쪽으로 식어갑니다.

수행을 하게 되면 배꼽의 아我가 무아로 바뀌게 되어 기운이 위로 상승하며, 가슴의 흰색인 무지無知가 청색의 공, 지혜로 바뀝니다. 목의 붉은색 탐욕은 이타심으로, 미간의 검은색 증오는 평화로, 정수리의 청색 허공은 흰색 공의 자비로 전환됩니다. 마음은 가슴을 토대로 활동하기 때문에 가슴이 중심이 됩니다.

그러므로 수행을 하게 되면 머리에서부터 아래로 시원하고 가벼워집니다. 즉, 문사수聞思修하여 바른 견해[지혜]가 생겨서 무상 · 고 · 무아인 삼법인의 체험이 있게 되면 삿된 견해인 지적인 번뇌가 소멸됩니다.

마음은 번뇌가 소멸되면 번뇌의 속박으로부터 자유로워집니다. 마음이 자유로워지므로 스트레스를 받던 몸도 가벼워져서 몸의 기운이 왕성하게 일어납니다. 또한 사랑과 연민 즉 자비심이 생기고 증장되면 정적情的 번뇌인 탐욕과 성냄, 어리석음, 의심, 교만 등이 약해집니다. 그러므로 속박 받던 몸과 마음이 풀려서 해방감을 맛보게 되며 몸의 기운이 왕성하게 일어나므로 마음이 청명하고 매우 가볍습니다.

정리하면, 머리에서부터 삿된 견해인 지적 번뇌가 약해지고 정적 번뇌인 탐진치의 번뇌도 머리 아래로 내려가면서 회음부까지 약해져 갑니다. 반면 번뇌에 억눌리고 속박 당했던 몸의 기운이 왕성하게 생성되고 아래쪽의 회음부에서부터 위쪽의 머리 방향으로 상승하여 올라갑니다. 상승하는 기운을 타고 마음은 가볍고 명료해집니다.

즉, 무상 · 고 · 무아의 삼법인의 체험과 자비심이 커지면 배꼽을 중심으로 하여 흙의 요소인 자아관념이 무아의 평등한 마음으로 바뀌게 됩니다. 그래서 탐진치의 무거운 번뇌도 약해져서 무아의 지혜와 자비의 부드럽고 가벼운 마음이 기운을 타고 물 · 불 · 바람 · 허공인 4대 요소의 차크라를 지나 모든 속박에서 벗어나는 깨달음을 얻게 됩니다.

그런데 인체에 대응하는 오색차 명상은 5요소 중 바람의 요소인 풍風에 대한 이해가 필요합니다. 몸에 머물고 있는 바람의 기운은 모두 다섯 종류가 있습니다. 이것은 마음의 작용에 따라 움직이는 것이므로 대체로 '바람의 기운[氣]'은 마치 말과 같고, 마음은 말을 타는 기수와 같다'라고 합니다. 기수가 악한 심리로 악행을 했다면 당연히 말에 해당하는 기운은 머리에서부터 발쪽으로 내려갈 수밖에 없습니다. 그래서『능엄경』에서 설하기를 탐욕과 성냄이 있을 때는 마음이 무거워 아래로 내려가고 명상 수행하면 마음이 가벼워져서 머리 쪽으로 올라간다고 설합니다.

3. 몸 안의 바람의 구조

마음은 바람, 또는 에너지의 움직임을 통하여 대상에 집중합니다. 마음은 마치 기수가 말을 타듯이 바람을 타고 있습니다. 그러므로 심리와 바람은 상호의존하고 있으므로 몸 안의 바람의 구조는 곧 심리적 구조라고 해야 할 것입니다.

먼저 심리와 바람의 상호의존관계를 인체[67]에 따라 살펴보겠

---

67 『티벳 의서(The Book of Tibetan Medicine)』의 오묘한 신체에 대해서 밀교에서는 다음과 같이 설명하고 있습니다.
'티벳 불교에서는 지수화풍공과 의식의 6가지 기본적인 요소들과 1)풍기(energy-wind)의 묘한 신체 또는 금강신, 2)풍기(에너지)혈 3) 에너지의 방울들로 대략 구성된 것을 인간의 신체로 본다. 수많은 종류의 기 또는 오묘한 숨이 있고 이것들이 오묘한 육신의 보이지 않는 채널(혈)을 따라 움직인다. 생명의 기운(명기, 命氣)이 가장 중요한 것으로 간주된다. 이것이 바로 생명의 근본 그 자체로 생명을 불어넣고 유지한다. 무극상 요가 딴뜨라는 대수인 수행 체계로부터 수행하는데, 비밀집회 딴뜨라(Guhyasamaja), 모계 딴뜨라(Chakrasamvara, 金剛亥母) 그리고 호금강(Hevajra) 딴뜨라는 오묘한 육체의 생기점을 관통하는 여러 다양한 방법들을 제공한다.
달라이 라마 16세께서는 이 수행법에 대해 간추리시길, "이 혈맥들을 꿰뚫는

습니다. 오색차 명상을 할 때도 5요소 중 바람의 요소에 대한 이해가 필요합니다. 바람의 기운인 '풍風'은 바람 또는 호흡을 뜻합니다. 이것은 밀교 수행 전통에서 매우 중요한 개념이며 다양한 의미를 지니고 있습니다.[68]

'풍'에 대한 일반적인 묘사는 에너지의 실제적인 흐름이고, 5요소[지·수·화·풍·공] 중에 가장 밀접하게 연관된 것은 기氣입니다. 그러나 이 풍[氣]은 그렇게 간단하지 않습니다. 우리가 숨 쉬는 공기나 우리 뱃속의 바람처럼 이것은 좀더 심오합니다. 바

다는 것은 거기에 있는 풍기들(energy-winds)과 그것들을 올라타기 위해서 오묘한 마음을 모은다는 것을 뜻하고, 그 올라타기 위한 방법에는 그 풍기 점들에 초점을 맞춰 마음을 몰입하는 여러 다른 기본적인 방법들이 있다."고 하셨다."

풍기들과 함께 하는 여러 수행들에는 '툼모(tummo)' 또는 내부의 화(火, 생명열 요가 Inner Fire)라는 나로빠의 6종 요가[나로6법]를 포함한다.

이 수행에서 남녀 요가 수행자는 단전(central channel) 안으로 오묘한 기운(wind) 또는 '룽'을 끌여 당기고 거기서 숨을 멈추고, 몸을 위아래로 수직으로 돌리는 명상 기술과 호흡법을 이용한다.'

68 '짜룽', 즉 맥풍에 대해서는 다음과 같이 알려져 있습니다.

'맥풍정액, 맥풍명점이라고도 한다. 수명이 변이를 일으키지 않거나 생명이 끝나지 않았을 때 식이 의지하는 것이다. 이 삼자는 서로 의존하는데 맥은 주택과 같고 정은 재물과 같으며 풍심은 주인과 같다. 맥풍(산스끄리뜨어 나디 바유; 티벳어 짜룽; 여기서 '짜'는 에너지 채널, 즉 혈을 나타낸다.)은 특별한 요가 수행이다. 그 훈련은 티벳 뵌교 전통과 티벳 불교의 4대 종파들에서는 매우 익숙하다. '짜룽 뚤꼴'은 맥풍(짜룽)을 쓰고 그것들을 내부의 얀뜨라(명상할 때 쓰는 기하학적 도형, 만달라 등) 또는 그 요가에서 두루한 명칭(nomenclature)의 성스런 기물을 쓰는 얀뜨라 요가다. 짜룽은 또한 '꼐림(Kye-rim, generation stage)에 두루 쓰인다. 이 수행에서 사용하는 것은 주요 짜끄라를 열고 주변부 맥의 기를 중심부 맥으로 옮기는 것이다. 그것은 이원론적 오해에서 벗어나고 지혜(識)의 불이적 깨달음과 맺는 마음과 동시에 일어난다. 자세한 안내는 내·외, 그리고 비밀 등의 3단계 맥풍에서 설명되어 있다. 각 수준은 5대와 일치하는 다섯 가지 훈련을 담고 있다.'

람의 기氣는 마치 말[馬]과 같고 마음은 말을 타는 기수와 같습니다. 만약 말에 무슨 문제가 생기면 그 기수는 적절하게 말을 탈 수 없습니다. 그와 같이 말과 기수와의 관계에서 기라는 '바람'은 거칠고, 가볍고, 서늘하고 여리고 강하고 움직인다는 것입니다.

'바람'의 일반적인 기능은 성장, 육체의 움직임, 날숨과 들숨, 그리고 마음과 말[言語], 행동의 기능[작용]을 돕는 것입니다. '바람'은 우리 위장의 분리작용을 돕습니다. 우리는 음식물의 영양소를 섭취하고 그 나머지 오물[똥, 오줌]은 버립니다. 그러므로 바람의 가장 중요한 기능은 마음과 말과 행위의 움직임을 실어 나르는 것입니다.

정신적[심리적]인 바람의 기氣[쁘라나]는 육체 내부의 기혈 또는 오묘한 육체의 '나디'를 따라 흐르고 특별히 금강[승]의 요가 수행에서 중요하게 다뤄집니다. 특히 다섯 가지 정신적인 기氣들은 오대五大[Mahabhuta]로 나타나는데, 이들 다섯은 생력生力으로 모든 살아 있는 유정들의 심식[Sanskrit: namarupa, 명색名色]에 생명력을 불어넣으며 수행자에게 중요한 열쇠입니다.

인체에 따른 오색차 명상은 바로 이 말馬에 비유되는 '바람'의 기운을 잘 길들이고 다스려서 말을 잘 타는 기수의 마음과 같습니다. 즉 여러 심리가 긍정적이고 최종적으로 공성의 지혜를 일으켜서 심광명을 회복하고 모든 속박에서 벗어나 대자유를 얻고 지각 있는 생명들을 돕는 마음을 일으키는데 있습니다.

마음은 다섯 가지 바람[風-氣]과 다섯 가지 보조적인 바람을 수반합니다. 다섯가지 바람은 ①지명기持命氣 ②상행기上行氣 ③변행기遍行氣 ④등주기等住氣 ⑤하행기下行氣입니다.[69]

이것을 간단히 설명하면 다음과 같습니다.

첫째, 생명유지의 바람[持命氣-持命風]은 정문 뇌에 위치하고 있습니다. 따라서 허공 요소의 파랑색과 관련이 있습니다. 이 생명유지의 바람[持命氣]은 흡입[들이켜 삼킴], 뱉음, 트림, 재채기, 그리고 마음과 집중의 안정과 감각 등을 명료하도록 조절합니다. 뇌에 작용하는 지명기의 능력은 지혜를 증장시키고 기관을 밝게 하며 사유가 지속되게 합니다.

또 다른 설로 생명유지의 바람은 심장에 있는 에너지 통로에 주로 위치하고 있으며 생명을 유지하는 기능을 가지고 있다고 합니다. 생명유지의 바람이 심장에 위치하고 있다면 물의 요소와 흰색과 관련이 있습니다. 또한 다섯 가지 보조적인 바람을 일으키는 역할을 수행합니다. 여기서 말하는 다섯 가지 보조적인 바람은 감각과 주의력을 관장합니다.

둘째, 상승-움직임의 바람[上行氣-上行風]은 가슴과 흉부에 위

69　인도에서 비롯된 의학을 히말라야 고산 고원 지역의 특성에 맞게 고도로 발달시킨 티벳 의학의 특징 가운데 중요한 것은 인간 육신을 '다섯 가지 기'의 체계를 통해 정형화했다고 볼 수 있습니다.

치하고 있습니다. 이 기氣는 호흡, 말과 활력, 몸의 무게, 기억, 육체적인 활력, 건강, 안색과 피부 윤택, 정신적인 인내, 근면을 조절하는 기능을 맡고 있습니다.

또 다른 설에 상행풍上行風은 주로 목젖에 위치하고 있다고 합니다. 목은 불의 요소이므로 붉은색과 관련이 있습니다. 인후와 입을 통하여 작용하면서 말, 맛보기, 삼키기, 트림, 토하기 등을 담당합니다.

셋째, 편재의 바람[遍行風-遍行氣]은 가슴에 위치해 있습니다. 가슴은 물의 요소로 흰색과 관련이 있습니다. 기氣[바람의 요소]는 들어 올리는 것, 걷기, 뻗기 그리고 근육의 수축, 입과 눈꺼풀, 항문을 열고 닫는 것 등을 조절합니다. 즉, 가슴에서 시작하여 팔과 다리 끝까지 전체적으로 퍼져 있습니다. 혈액을 맑게 하는 모든 것들을 관장합니다.

또 다른 설로서는 관절에 위치하고 있으며 사지를 움직이고, 사지의 이완과 수축, 그리고 입과 눈을 열고 닫는 일을 관장한다고 합니다.

넷째, 불-머무름의 바람[等住風-等住氣]은 위장과 복부에 위치해 있습니다. 위장과 복부는 바람의 요소로 녹색과 관련이 있습니다. 이 기는 소화와 신진대사를 조절합니다. 이 기氣는 또한 7종체[뼈, 살, 피, 정액 등]를 숙성시킵니다. 즉, 담즙을 분비하여 위의 양기를 존재하게 합니다. 이 풍의 기능은 전부 내장에 분포되어 있으며 음식을 소화하는데 있습니다.

또 다른 설은 수행을 통하여 내부의 열을 일으키는 배꼽[70]에 있는 에너지 통로들에 위치해 있다고 합니다. 이 바람은 소화, 정제된 것과 정제되지 않는 것의 분리 등을 담당합니다.

다섯째, 하향-배설의 바람[下行風-下行氣]은 직장, 창자, 회음부에 위치하며 그 기능은 대변, 소변, 정액, 월경, 자궁 수축과 태아를 밀어내는 것입니다. 또한 남자의 정자, 여자의 월경, 대소변 등을 조종합니다. 회음부는 흙·물·불·바람의 요소와 관련이 있습니다. 그리고 이 가운데 흙의 요소인 노랑색은 자아관념과 관련이 있습니다.

또 다른 설로서 바람은 주로 하복부에 있는 에너지 통로들에 위치하고 있으며, 자궁 또는 정낭精囊, 방광, 넓적다리 등으로 옮겨 다닌다고 합니다. 이 바람은 소변, 배변, 그리고 월경에서 시작하고 멈춘다고 합니다.

이와 같이 다섯 가지 바람[風-氣]은 육체와 정신의 기능들을 움직이게 합니다. 건강하다는 것은 이 바람들이 자유롭게 움직인다는 것을 뜻하며, 이러한 바람들이 막히면 문제가 생긴다는

---

70 『달라이 라마, 죽음을 이야기하다』 p. 155에서는 명치에 있는 에너지 통로라고 하지만 내용으로 보면 배꼽이 맞는 것 같아 배꼽으로 기술하였습니다.

것입니다.

그런데 다섯 가지 바람은 일곱 군데 차크라와 5요소와 5색과 관련이 있습니다. 일곱 차크라가 생명에너지가 흐르는 통로라면 다섯 가지 바람은 그 차크라와 통로에 활동하고 있는 생명에너지라고 해야 할 것입니다. 따라서 오색차 명상을 할 때는 다섯 가지 바람을 5색으로 활성화시키고 차크라의 통로를 막고 있는 매듭을 풀고 다섯 가지 바람 중에 가슴에 있는 바람을 중앙에너지 통로로 움직이게 하여 오른쪽과 왼쪽의 에너지 통로들의 바람들을 중앙의 에너지 통로에 들어가게 합니다. 그렇게 생명에너지가 아래위로 자유롭게 흐르도록 하는 것입니다.[71]

이 생명에너지에 의해서 각 차크라에 있는 감정과 심리를 정화하고 매듭을 풀기에 이르면 윤회의 길에서 해탈의 길[중앙에너

71　상동, pp. 155-156.
　　'일반적으로 바람은 중앙에 위치한 에너지 통로에서는 움직이지 않는다. 예외가 있다면, 그것은 죽음의 때다. 그러나 아주 깊은 수행을 통하여 더욱더 깊은 마음의 단계를 드러나게 함으로써, 살아 있을 때에도 중앙의 에너지 통로에서 바람을 움직이게 할 수 있다. 죽음의 마지막 네 단계를 지나는 동안, 의식의 기반으로서 작용하던 바람은 오른쪽과 왼쪽의 에너지 통로로 들어가 그곳에서 해체된다. 반대로 오른쪽과 왼쪽의 에너지 통로들의 바람들은 중앙의 에너지 통로로 들어가 그곳에서 해체된다. 이때 오른쪽과 왼쪽의 에너지 통로가 수축되면서 중앙의 에너지 통로를 막던 매듭이 느슨해진다. 오른쪽과 왼쪽의 통로가 수축될 때, 중앙의 통로가 자유로워지고, 그때 중앙의 통로에서 바람이 움직일 수 있게 되는 것이다. 이러한 중앙 통로의 바람이 움직임은 미세한 마음들을 현현할 수 있게 하는데, 이것이 무상요가 딴뜨라의 수행자들이 수행을 통해 이용하고자 하는 것이기도 하다. 깊은 환희가 머무르고 있는 바람은 대상을 향해 마음이 움직이는 것을 강력하게 저지하고, 그때 마음은 진리를 깨닫는 데 있어 더욱 강력한 힘을 갖는다.'

지통로]로 나아가 청명한 빛의 마음을 깨달을 수 있습니다.

4. 각 차크라와 그의 요소 및 색채 심리

『대승기신론』에서 다음과 같이 일렀습니다. "원래부터 색과 마음은 둘이 아니라고 하며, 색의 본성이 곧 지혜이기 때문에 색의 바탕은 형상이 있을 수 없어 법신을 지혜의 몸이라 한다. 그리고 지혜의 본성이 곧 색이기 때문에 법신은 어느 곳에나 있다고 한다."[72] 그러므로 색[물질]은 색채가 있습니다. 색채는 곧 마음의 현상입니다. 따라서 색채는 심리의 표현으로 마음 따라 나타나는 것입니다. 따라서 오색차 명상을 하는 마음에 의하여 차의 5색이 나타나는 것이며 이는 각 차크라의 요소와 색채에 영향을 줍니다. 지금부터 각 차크라의 요소와 색채 심리에 대해 알아보겠습니다.

---

72 『대승기신론』, 권5 「용대(用大)」
　　問曰. 若諸佛法身 離於色相者 云何能現色相. 答曰. 即此法身是色體故能現於色. 所謂從本已來 色心不二. 以色性即智故 色體無形 說名智身. 以智性即色故. 說名法身徧一切處. 所現之色無有分齊. 隨心能示十方世界 無量菩薩 無量報身 無量莊嚴 各各差別 皆無分齊 而不相妨.
　　'문: 모든 부처님의 법신에 색상이 없다고 하면 어떻게 색상을 나타낼 수 있는가? 답: 법신 그 자체가 색의 바탕이기 때문에 색상을 나타낼 수 있는 것이다. 그러므로 원래부터 색과 마음은 둘이 아니라고 하며, 색의 본성이 곧 지혜이기 때문에 색의 바탕은 형상이 있을 수 없어 법신을 지혜의 몸이라고 하며 지혜의 본성이 곧 색이기 때문에 법신은 어느 곳에나 있다고 한다. 법신이 나타내는 색에 한계가 없으므로 마음에 따라 시방세계 어느 곳에서나 무량한 보살 수행자들에게 한없는 보신과 온갖 장엄을 각각 다르게 나타낼지라도 나타난 모습 모두가 경계지어 나누어짐이 없다. 그러므로 함께 있더라도 서로에게 방해되지 않는다.'(정화 스님 번역)

① 정수리 차크라 – 허공의 요소 – 파랑색

허공의 색은 무색입니다. 그러나 허공은 하늘을 뜻하므로 하늘의 색은 시각적으로는 파랑색으로 보입니다. 허공의 요소는 몸 전체를 싸고 있는 공간을 뜻하며 신체적으로는 정수리를 뜻하기도 합니다. 이 정수리에 뇌하수체가 위치해 있으며 주분비샘이 자리 잡고 있습니다. 왜냐하면 신체의 다른 다양한 호르몬을 생산하는 분비샘들에 영향을 미치기 때문입니다.

머리는 파랑색 파장에 크게 반응하며 순수 그리고 치유와 관계를 맺고 있습니다.[73] 이 파랑색에 관하여 명상하면 분노가 지혜로 전환될 수 있습니다.

일반적으로 파랑색은 영원성, 진리, 헌신, 신심, 순수, 순결, 적정, 평온, 정신적 그리고 지성적 삶과 관련이 있습니다. 이 모든 상징성은 일반적인 감성, 즉 하늘색이 가장 차분한 것이며 가장 공정한 것임을 상징합니다. 그리고 허공이 모든 요소들 가운데 가장 작고 가벼운 물질로 표현되는 것이기 때문입니다.[74]

---

73 동방 아축불이 이 색깔의 붓다로, 귀는 이 푸른 색깔을 표현하는 신체 부분입니다.

74 티벳 채색학에 다음과 같이 설명되어 있습니다. '기독교 예술에서도 성모상과 예수상도 종종 하늘색을 입은 것을 보여준다. 그리고 이것은 이집트에서 아눈(Amun), 수메리안의 위대한 어머니, 그리스에서의 제우스(로마에서의 주피터), 힌두에서의 인드라, 비슈누 그리고 그의 푸른빛 피부의 환생인 끄리슈나 등을 포함한 많은 천신들의 특징이기도 하다.'

　파랑색은 다섯 가지 색 중에서 파장이 가장 짧습니다. 시간적으로 시원하다는 느낌을 일으킵니다. 예를 들어, 화가 나서 머리가 아픈 일들이 있을 때 파란 하늘을 바라 보거나 파랑색을 상상하면 머리가 시원해지는 것과 같은 이치입니다. 반면 화는 불난 모습입니다. 뜨거운 불의 붉은색으로 파장이 깁니다. 그래서 가장 짧은 파장에 찬 느낌의 상징인 파랑색으로 붉은색의 화를 꺼주는 것을 연상하면 어떻습니까? 시원해집니까?

　공 또는 허공이 때로 흰색으로 표현되는 경우도 볼 수 있는데 이처럼 파랑색에서 흰색으로 전환되는 경우를 살펴보겠습니다.

　우리가 오색차 명상을 하면서 파랑색을 명상하여 몸의 부정적인 업을 정화하고자 할 때 어떤 현상들이 일어날까요? 배꼽 차크라는 노랑색이며 노랑색은 고집, 자만의 심리를 일으킵니다. 즉, 자아관념을 일으킵니다. 그러나 오색차 명상을 통하여 아我가 무아無我로 바뀔 때 이 차크라의 색은 흰색으로 바뀝니다. 바로 뇌하수체에 위치해 있는 차크라가 신체의 다른 모든 호르몬을 생산하는 분비샘[선]에 영향을 미치기 때문입니다.

　분노의 반응은 뇌를 통하여 얼굴에 나타나지만 그 근원은 바로 심장에서 비롯되므로 목을 통과하여 머리로 올라가 얼굴에 나타나는 것입니다. 따라서 분노의 결과가 가슴에 남아 있어서 가슴이 답답하거나 통증으로 나타납니다. 그러므로 공성의 파랑색을 명상하면 그 파랑색의 반응으로 사랑과 연민의 물 기운이 머리로 올라와 분노의 불기운을 시원하게 합니다. 파랑색인 허공의 머리가 물의 흰색 지혜와 자비의 모습으로 나타납니다.

즉, 흰색은 학습과 지식의 색채이고, 공성은 자비의 근원이며 이 근원에서 자비가 나타납니다. 그러므로 파랑색의 공은 분노의 불을 다스리며 분노가 지혜와 자비로 전환될 수 있으므로 그 지혜는 거울의 지혜[大圓鏡智]입니다. 이때 자비의 색채는 흰색이며 그 자비를 대자대비라고 합니다.[75]

또 파랑색은 허공의 상징입니다. 허공의 부정적인 면은 무지입니다. 허공은 형상이 없으므로 생각이 일어나지 않아 무지이며, 또 일어나더라도 허공을 허무로 보거나 실체적인 자아로 보기 때문에 무지를 일으킵니다. 긍정적인 면은 수행을 통하여 허공의 비어 있는 특성인 모든 사물과 생명이 내재하는 것이 없음을 아는 지혜인 무아와 공을 아는 지혜를 일으킵니다.

오색차 명상을 통하여 파랑색의 허공이 공으로, 흰색의 물이 지혜로 만나는 것입니다. 공과 지혜의 만남은 마치 물에 물 탄 것과 같이 경계선이 사라집니다. 모든 것은 공 하나로 통하여 꿰

---

75 티벳 치유 의학에 다음과 같이 기재되어 있습니다. '특히 이것에는 특별히 냉한 성질이 있기 때문에 염증이 나타날 경우나 내출혈이나 신경 질환이 있을 때 사용한다. 이와 같은 이유들과 더 나아가 실재적으로 짙은 녹색빛이 심상 수행에서 치유 효과를 보여주기 때문에, 청금석은 원칙적으로 약사여래의 색깔이며, 이것은 이 돌을 불교 신비주의에서 중요한 것으로 만들었다. 사실 청금석의 치유 대가[약사여래]는 불상 중에서 가장 중요한 상(像)중의 하나다.'

뚫어 보고 아는 궁극의 지혜인 법계체성지法界體性智가 이루어집니다. 이 지혜가 정수리 차크라에서 일어나지만 지혜는 가슴 차크라가 근원입니다.

허공이 무지를 일으키지만 무지는 어리석은 마음이므로 근본 마음인 아뢰야식에 있습니다. 따라서 무지는 정수리의 뇌 부위에서 반응이 일어나지만 그 근원은 바로 가슴에 있는 심장이며 의식은 심장을 토대로 하여 머물고 있습니다. 그리고 의식은 아뢰야식에 의지합니다. 정적 번뇌와 지적 번뇌의 근원은 아뢰야식임을 알 수 있으며 아뢰야식이 공해져야 비로소 무지와 분노는 사라집니다.

오색차 명상에서 파랑색 빛의 차를 마시면 분노의 열을 식혀줍니다. 또한 분노와 관련 있는 과거 기억에 매달려 고뇌하는 상처를 치유하고 아뢰야식 속의 번뇌들의 갖가지 정보[有漏種子]를 색으로 정화하여 심신을 편안하게 합니다. 왜냐하면 파랑색 빛은 허공의 요소에서 나온 것이며 허공은 곧 공空의 비유이고, 공성의 이해가 있을 때는 자타, 유무, 득실, 생사 등의 대립적 충돌을 일으키는 잘못된 견해에서 비롯된 괴로움이 없어지기 때문입니다. 공이 드러남으로 인하여 무지가 지혜로 전환하는 것입니다.

이처럼 파랑색 빛은 곧 공의 상징성을 가지기 때문에 그 영향으로 무의식[아뢰야식] 속의 갖가지 부정적인 정보가 정화될 수밖에 없습니다.[76] 영향이 미친다는 뜻은 아뢰야식 속에 있는 종자는 각기 다른 색의 정보를 가지고 있으며, 이 종자를 명언종자라 합니다. 명언종자란 종자가 이름과 말로 이루어져 있다는 것입니다. 이것이 아뢰야식에서 발현될 때는 탐욕 등 감정적인 번뇌[77]와 몸을 나와 내 것이라는 견해 등 이성적인 번뇌[78]가 머리를 사용하고 머리에서 현실로 나타납니다.

『화엄경』에서 설하기를 우리가 사는 세계는 '말과 생각에 의해 건립된 세계'라고 합니다. 의식이라 하는 아뢰야식을 점령하고 있는 것은 바로 언어문자와 말이라는 것이며, 이러한 언어문자와 말과 내적 언어인 생각의 영향은 가히 절대적이라 해도 과언이 아닙니다. 그러나 이러한 정보는 잘못된 정보입니다. 그래서 파랑색 빛의 차를 마시면 무의식 속에 저장되어 있는 잘못된 정보와 부정적인 기억, 부정적인 심리 등이 정화된다는 것입니다. 근원인 아뢰야식의 종자가 현현할 때 부정적인 정보들은 의식을 통하여 나타납니다. 의식은 심장을 토대로 움직이며 의식이 머리에서 작용할 때 감정과 이성이 작용합니다.

---

76 파랑색 빛이 지혜가 아니므로 번뇌의 뿌리를 잘라낼 수 없습니다.

77 탐貪 · 진瞋 · 치癡 · 만慢 · 의疑

78 신견사身見使 · 변견사邊見使 · 사견사邪見使 · 견취사見取使 · 계금취사戒禁取使

② 미간 차크라 – 바람의 요소 – 검은색

미간 차크라는 이마에 위치해 있으며 거기서부터 육체의 눈과 신경계, 머리와 뇌를 조절하고, 또한 정신감응, 신통력, 그리고 예지력 등을 만들어낸다고 합니다. 뇌하수체는 이 기혈에 위치해 있으며 수면 서클을 통제하는 멜라토닌을 생산합니다. 이 분비샘의 다른 기능은 '정신 분자배열'로 알려진 환각제 디메틸트립타민DMT을 발산한다는 것입니다. DMT는 출생과 죽음, 그리고 깨달음이 드러날 때를 제외하고는 항상 육체에 나타납니다. 이것은 신비한 체험과 관련을 맺고 있다고 알려져 있습니다.

오색차 명상 수행을 통하여 증오의 검은색은 평화인 녹색의 지혜로 전환됩니다. 이것은 자비의 색인 흰색차 명상을 통해서도 가능합니다. 흰색의 자비가 공성의 지혜를 근거하기 때문에 미간 차크라는 지혜의 눈이 생기게 하는 차크라로 전환됩니다.

한편 검은색은 태고의 어둠을 뜻하기도 합니다. 태초의 어떤 계류, 거기에는 오직 어둠 뿐만이 존재하지 않습니다. 왜냐하면 반사할 빛이 없었기 때문입니다. 그래서 검은색은 혼돈과 증오의 색이며, 자비로 들어가는 지혜의 연금술을 통해서 변환됩니다. 또한 어둠은 경험의 문턱에 선 완전성에 대한 절박함을 표현합니다. 그래서 무서운 제례의식에서, 그리고 모든 형태에서 악을 철저하게 정복하는데 사용되었습니다. 그 정복은 악을 전멸시키는 것이 아니라 악조차도 선으로 변하게 하는 것입니다.

그러므로 검은색으로 상징되는 미간 차크라는 결국 지혜의 눈을 열고 갖출 때에만 효능이 있다는 점을 강조하고 있다고 볼 수 있습니다.

③ 목 차크라 - 불의 요소 - 붉은색

목 차크라는 육체에서 갑상선자리이며, 갑상선은 면역체계와 관계되고 신진대사를 통제하는 호르몬인 티록신을 생산하는 곳입니다. 그리고 면역력은 체온과 관계가 있는데 목에 문제가 있으면 저체온으로 떨어지고 저체온 상태에서는 온갖 질병이 발생하게 됩니다. 불의 요소라는 것은 차거나 따뜻함을 말하는데 목 차크라는 이 붉은색에 반응합니다. 목 차크라의 역할은 말과 자기감정 표현을 관장하고 탐심의 변환에 관련되어 있습니다. 붉은색은 생명력과 보존과 관련이 있습니다.[79]

불의 요소는 왕성한 신진 대사를 의미할 뿐만 아니라 마음이 활발하게 움직이게 하여 남을 도와주는 마음을 내게 하는 긍정적인 영향을 생성합니다. 또 불교 명상에서는 붉은색에 대한 명상으로 탐욕의 미혹이 분석의 지혜인 묘관찰지妙觀察智로 변한다고 합니다.

참고로 붉은색은 티벳 문화에서 상스러움을 상징합니다. 그래

79　서방 아미타불은 티벳 예술에서 붉은 몸으로 묘사되어 있습니다. 신체의 일부분 가운데 혀가 이 색깔과 관계를 맺고 있습니다.

서 티벳 승복의 색깔은 붉은색입니다. 붉은색은 또한 보호하는 특징이 있어 종종 성스러운 건물들을 칠하는데 사용됩니다. 티벳의 절들이 아래쪽엔 붉은색으로, 그 위에는 순수한 법을 상징하는 흰색으로 칠해져 있는 이유입니다.

④ 가슴 차크라 – 물의 요소 – 흰색

가슴샘에 위치한 이 차크라는 육체에서 면역체계를 통제하는 가슴샘과 관계를 맺고 있습니다. 흰색인[80] 가슴샘의 영향으로 정수리의 청색이 변화되는 것입니다. 이 자리는 마음자리라고도 하며, 성냄 등의 감정과 관련되어 있습니다. 이곳의 에너지는 심장, 가슴, 흉부 상부 등과 기관지에 영향을 미칩니다. 즉 가슴의 흰색은 사랑과 연민이며 지식과 배움을 뜻합니다. 그리고 흰색은 물의 요소입니다. 물은 모든 것을 수용하므로 사랑과 연민 즉, 자비라 일컬어지는 것입니다.

색채학의 학문에서 빛을 논할 때 흰색광은 색채가 아닙니다. 왜냐하면 빨강색광, 녹색광, 파랑색광[삼원색광][81]이 혼합되었을 때 흰색광으로 발생하기 때문입니다. 어떤 것도 감춰진 것이 없고, 비밀도 구분도 없었을 때는 모든 것을 포용할 때이므로 자비의 관음보살은 흰색 옷을 입고 있는 것입니다. 또한 배움과 지식

---

80 중앙의 비로자나불이 이 색으로 표현되는데 눈[目]의 색이기도 합니다.

81 색色의 삼원색은 '빨강', '노랑', '파랑'이라 하고 빛[光]의 삼원빛은 빨강, 녹색, 파랑이라고 합니다.

의 여신 사라스와띠는 흰색으로 보입니다. 지식과 배움에는 숨김이 없어야 하고 지식은 모두에게 개방되고 이용할 수 있어야 합니다.

이같은 흰색에 가슴이 반응하는 두 가지 예를 보겠습니다.

먼저 분노가 자비로의 전환하는 예입니다.

흰색의 부정적인 면은 슬픔, 분노 등으로 단절과 충돌을 일으킵니다. 예를 들면 알코올에서 불이 일어나고 휘발유에서 불을 일으킬 수 있는 것은 알콜이나 휘발유는 액체이면서도 그 속에서 불이 일어나는 것입니다. 일상생활 속에서 화를 내게 되면 가슴이 뻐근하게 아프거나 답답하거나 통증을 호소합니다. 물의 요소에서 불이 일어나기 때문에 신체에 이상이 오는 것입니다. 즉 화를 내는 것은 불인데 물의 요소를 근거로 해서 일어나기 때문에 병통이 생기는 것입니다.

이처럼 물이 부정적인 감정으로 전환될 수 있기도 하지만 물의 긍정적인 면을 보겠습니다. 물은 모든 것을 받아들이는 수용성의 성질이 강해서 사랑, 연민, 용서, 관용과 같은 마음을 일으킵니다. 그러므로 오색차 명상에서 흰색의 차를 마시면 분노와 과거 기억에 의한 증오심 등의 잠재성향을 가지고 있는 부정적인 면을 심리적으로 완화시킬 수 있습니다. 그래서 몸과 마음의 상처를 빨리 치유할 수 있습니다.

다음으로 무명이 궁극의 지혜로의 전환하는 예입니다.

심장은 의식의 토대입니다. 배우고 익히고 지식을 쌓는 것은 우리 의식이 하는 일입니다. 의식은 아뢰야식의 종자로부터 나왔습니다. 모든 배움과 지식의 창고는 바로 아뢰야식이며 여기에서부터 의식으로 표출됩니다. 따라서 부정적인 배움과 지식의 바르지 못한 갖가지 견해를 갖게 되는 것 또한 그 근원은 아뢰야식에 저장된 무명 때문입니다.

이와 같은 이유 때문에 파랑색 차로 명상할 때, 즉 가슴의 배움과 지식이 머리에서 작용합니다. 그 가운데 삿된 견해나 치우친 견해 등을 타파하는 공성空性에 대한 바른 사유로 명상할 때, 갖가지 잘못된 견해가 소멸됩니다. 여기엔 어떤 감춰진 것도 없고, 비밀도, 구분도 없습니다. 그래서 공성 하나로 일체 모든 것을 관통하여 보고 아는 지혜인 흰색으로 전환되는 것입니다.

즉, 공성의 지혜가 동반된 의식이 가슴으로 내려올 때는 무분별이 되므로 무분별의 선정禪定에 근거한 흰색입니다. 그러므로 무명의 미혹이 실재를 아는 파랑색[하늘의 무색無色]의 지혜로 전환되는 것이므로 '법계체성지法界體性智'라 부르는 것입니다.

흰색은 부처님의 탄생에도 등장할 뿐만 아니라 많은 불전 문학인 본생담에 등장하는 것입니다. 부처님의 어머니인 마야 부인의 꿈속에서 하늘을 날아온 흰 코끼리는 자신의 상아로 마야 부인의 오른쪽 옆구리를 만졌다는 내용이 들어 있습니다.

⑤ 배꼽 차크라 – 흙의 요소 – 노랑색

배꼽 아래인 배, 자궁, 성기는 모두 흙의 요소의 영역입니다. 배꼽 바로 아래에서 발견할 수 있는 이 차크라는 소화기관과 관계를 맺고 있고, 담즙, 간, 위장 등을 포함하고 있으며 그 색은 노랑색입니다. 성스러운 수행을 성취한 자들이 배꼽 차크라를 작동시킬 때는 '툼모'라 알려진 신비한 열이 발생하는데 툼모는 '아我라는 그릇된 믿음을 없애고 깨달음을 얻는 방법'이라고 알려져 있습니다. 배꼽은 노랑색과 오렌지색에 반응합니다.[82] 노랑색은 근본과 출리심을 상징합니다.[83] 땅이 바로 이 노랑색으로 표현되는 요소입니다.

⑥ 배 차크라 – 바람의 요소 – 녹색

배꼽 아래 배 쪽은 녹색으로 표현되며 이 색은 균형과 조화를 뜻합니다.[84] 무지개의 일곱 가지 가시광선의 중앙에 위치해 있는 이 색은 균형과 조화를 가리킵니다. 이것은 자연, 나무, 식물 등과 관련된 색입니다. 즉 청춘의 활력과 활동을 뜻하며 자연을 상징하는 색으로 여자의 경우, 자궁에 속하며 자연 생명의 잉태

---

82 노란색은 승려들의 노란색 사프론 승복과 이어져 불교에서 최고의 상징적 가치를 지닙니다. 이 색은 이전에는 죄수들이 입었던 것이지만 가우따마 붓다께서 그의 겸손과 세속적 사회를 떠난다는 상징적 의미에서 선택한 것입니다. 그러므로 출리심, 탐욕에서의 벗어남 그리고 겸손을 의미합니다.

83 남방 보생불이 이 노란색과 관계를 맺고 있습니다. 코가 이 색으로 표현됩니다.

84 북방 불공성취불은 녹색의 붓다입니다. 머리가 신체 부위 중 이 색과 관련을 맺고 있습니다.

를 뜻합니다.

녹색 빛은 바람의 요소에서 나온 것으로 곧 기氣을 뜻하기도 합니다. 단전이 '기운의 바다[氣海]'라고 많이 알려져 있습니다. 부정적인 에너지로는 시기 · 질투 등과 관련이 있으며, 이것이 긍정적으로 변화했을 때는 안정적이므로 마음이 편안하게 되는 것입니다. 일반적으로 시기하거나 · 질투를 하게 되면 창자가 꼬이고 배가 아프다고 합니다. 그러나 이것을 긍정적으로 변환시키면 불편하고 상처받은 몸과 마음이 편안한 상태로 전환됩니다. 즉 안으로는 몸의 기운이 부드러워지고 마음이 가볍고 편안해지며, 밖으로는 사람이나 사물에 대하여 공평하고 올바른 시각을 가지게 합니다.

녹색은 노랑색과 파랑색의 결합으로 생겨난 색이기 때문에 이 두 색의 중간에 위치하고 있는 색이기도 합니다. 즉 무아, 공의 색입니다. 그래서 녹색의 영향은 한쪽에 치우치지 않아 공정한 마음을 가질 수 있는 두 색 사이의 중도의 길을 가르쳐 줍니다.

그러나 때로 배는 바람의 검은색으로 표현하기도 합니다. 그 이유는 지혜의 상징인 미간 차크라와 연동되어 있기 때문입니다. 즉 바람의 요소의 근거지가 배이므로 그 색이 바로 녹색이지만 이것이 지혜의 힘에 의해서 변화할 수 있음을 가리키는 것입니다.

그래서 오색차 명상 중에 녹색 빛의 차를 마시면 몸의 기운이 왕성하게 일어나 의욕을 상승시키고 몸의 장애를 없애주어 두루 소통시킵니다. 몸에 기운이 없고 의욕이 떨어진 마음을 다스리는 데에 효과가 있습니다. 그러므로 녹색차 명상을 하면, 질투가 성취의 지혜로 전환됩니다. 그 이유는 성소작지成所作智와 관련을 맺고 있다고 합니다.

⑦ 회음부(성기) 차크라 – 흙의 요소 – 노랑색

엉덩이와 회음부에 근거를 둔 이 차크라는 생활에너지, 기氣[85]의 자리입니다. 밀교 전통에서는 이것을 녹색으로 봅니다. 부정적인 정신 단계, 또는 욕망[갈애]의 심독心毒인 대상에 대한 탐심은 이 회음부성기 차크라에 근거를 두고 있습니다. 그러므로 바로 여기가 물·흙·불·바람의 4요소의 집합소이며 색채도 흰색, 노랑색, 붉은색 또는 검은색이 모여 있습니다.

욕망의 근간인 탐욕, 증오, 자아라는 둔한 번뇌가 일어나는 곳이므로 이곳은 수행자 본인의 정체성과 관련이 있는 부분입니다. 부정적인 면은 자만심, 교만, 고집 등인데 흙의 요소가 원래 딱딱하거나 단단한 것이므로 자아와 관련이 매우 깊습니다.

이 견고한 '나'라는 생각이 너와 나를 나누는 불평등을 일으키는데 오색차 명상에서 이 노란색에 대한 명상은 견고한 자아[아상]를 직시하게 합니다. 그래서 노랑색 빛의 차를 마시는 명상을 할 때 고집이나 자존심 등의 상처가 치유됩니다. 이곳은 아만을

85　티벳어로 '룽(lung 氣)'이라고 합니다.

평등한 마음如如의 지혜로 전환하기 때문에 평등성지平等性智 생
겨나는 자리입니다.

5요소의 차크라와 색채에 대한 결론

이와 같이 5요소의 색채는 외부의 색채와 상응하여 심리가 일
어납니다. 이 심리가 어두운 성질이면 그에 상응하는 색채도 어
두워 보이고, 심리가 밝은 성질이면 그 색채도 따라서 밝고 투명
해 보입니다. 즉, 색채는 심리의 반영인 것입니다. 그러므로 오
색차 명상 중에 선명하게 색채를 떠올릴 수 없거나 선명하지 못
한 색채가 연상된다면 이는 본인의 까르마의 색이 떠오른 것임
을 알아차릴 필요가 있습니다.[86]

따라서 선명하게 색채를 떠올릴 수 없거나 선명하지 못한 색
채가 연상된다면 반복하여 선명하게 관상하도록 노력합니다. 그
렇게 노력하는 것은 수행자 본인의 부정적이고 파괴적인 심리
를 바꾸는 것이며, 연상하는 색채에 따라 일어나는 심리들을 관
觀해야 합니다. 법을 관찰하여 '하나를 통하여 일체 모든 것을
보고 아는' 법인 삼법인三法印을 관찰하는 것입니다. 그렇게 하
면 색채의 성품이 곧 지혜이며, 색채의 체는 무형으로 지혜의 몸
이 됩니다. 이렇게 되면 색채가 밝고 투명하게 바뀌고, 거울 같
고 허공 같은 마음인 마음빛[심광명]이 감지될 수 있습니다.

---

86 색채를 떠올리는 것은 모두 몸을 의지하여서만 가능합니다. 마음이 독자적으
    로 행동하는 것이 아니라 의타기성依他起性에 근거한 것이기 때문입니다.

3. 차의 5색 명상과 수행단계

5요소의 색채의 본성은 지혜입니다. 그러므로 색채는 무형입니다. 지혜는 공성에 대한 '앎'입니다. 색채의 본성이 지혜라는 것은 곧 색채의 바탕은 무형無形이라는 것입니다. 따라서 색채의 텅 빈 무형을 알려면 5요소의 5가지 색채파장으로 이루어진 몸이 무상無常이며, 소유할 수 없어 고苦이며, 고를 자기 뜻대로 할 수 없어 무아無我임을 보고, 궁극에는 공성을 보는 것입니다.

첫번째 크게 나타나는 현상이 5가지 색채의 몸이 무형으로 사라지는 현상입니다. 이 현상은 5가지 색채 관상觀想을 통하여 무상, 고, 무아의 삼법인을 보는 것입니다. 그리고 몸 소멸 다음에 나타나는 미세한 영역인 마음을 대상으로 5가지 색채를 관상하는 것입니다.

이때에는 모든 빛의 총합인 흰색 빛을 미세하게 관상하여, 나타나는 마음의 여러 현상들을 삼법인으로 인식하고, 궁극에는 공성임을 아는 마음에 집중해 가면 마음의 본성인 공성이 드러날 것입니다. 그와 동시에 선정이 생기고, 선정을 의지해서 미세한 마음에 의해 생기는 경계와 미세한 생각이 소멸하게 되면 심광명을 깨칠 수 있습니다.

책에서 소개하는 네 가지 오색차 명상 가운데 '인체에 미치는 오색차 명상'만을 수행해도 충분합니다. 그러나 네 가지 명상을 순차적으로 연계하여 명상을 하면 그 깊이가 달라집니다. 공성, 또는 '청명한 마음의 빛'을 깨달으려면 의식이 미세해져야 하기 때문입니다. 차크라보다 DNA, DNA보다 5요소가 더 미세하고 깊기 때문입니다.

즉, ① 인체에 따른 오색차 명상 → ② DNA에 따른 오색차 명상 → ③ 5요소의 공성 깨침의 오색차 명상 → ④ 사랑과 연민의 오색차 명상의 과정을 거칩니다. 사랑과 연민의 오색차 명상을 하면 자비심이 커지고 밖으로 자비를 실천할 수 있습니다. 물론 자비의 오색차 명상을 제일 먼저 해도 상관없습니다. 그렇지만 자비의 근원이 공성이기 때문에 제일 끝에 명상하는 것이 더 효과적일 수 있습니다.

1. 인체에 따른 오색차 명상

오색차 명상은 몸의 차크라를 중심으로 하는 차 명상입니다. 즉, 정수리는 허공, 목은 불, 가슴은 물, 단전은 바람, 회음은 흙의 요소의 근거지이며 차크라입니다.

순서는 허공의 청색[정수리] → 바람의 검은색[미간] → 불의 붉은색[목] → 물의 흰색[가슴] → 흙의 노랑색[배꼽] → 바람의 녹색[단전] → 흙·물·불·바람의 4요소의 집합소이며 노랑색, 흰색, 붉은색 또는 검정색[회음]의 순으로 차 명상을 합니다. 그리고 다시 노랑색, 흰색, 붉은색, 검정색을 통합한 차 → 녹색차 → 노랑색차 → 흰색차 → 붉은색차 → 검정색 차의 순서로 되돌아오면서 차 명상을 마무리합니다.

몸의 차크라 중심의 차 명상은 몸의 생체 에너지[바람의 요소]와 그 통로를 활성화시켜서 몸을 깨워 질병을 예방하고 우주 에너지가 받아들이도록 합니다. 그리고 생체 에너지와 관련되어 일어나는 여러 가지 심리를 안정시키고 궁극에는 공의 지혜를 깨워 무지를 타파하고 청명한 마음 빛을 깨치고 체득하는데 있습니다.

오색차 명상은 명상도구인 명상찻잔이 없이도 할 수 있습니다. 상상으로 차 명상을 하면 됩니다. 그리고 다섯 가지 차 색채가 치유 효과가 있다는 것에는 조건이 있습니다. 바로 투명하고 맑은 색의 빛이라야 효과가 극대화됩니다. 찬란하면 더 좋습니다. 맑고 투명하다는 것은 곧 한마음을 보는 깨달음의 바탕이기 때문입니다.

먼저 공성에 대하여 사유하여 색채의 본체가 공임을 이해하고 그 이해의 지혜로 정수리부터 회음까지, 회음에서부터 다시 정수리까지 이르러 대자유의 깨달음을 얻는 인체에 따른 오색 차 명상을 합니다.

　　　공으로, 일체 모든 것 관통하나니
　　　공에 마음 두어 사유하라
　　　모든 상 사라지고
　　　공의 모양 또한 공하도다

　　　공성이여
　　　마음 따라 5색으로 나타나
　　　색심불이色心不二로다.
　　　5색 찻물 기운 타고
　　　중앙로 활줄 길 따라 회음부에 이르니
　　　공성의 빛 어두운 삶과 죽음 마음 비추네

　　　공성의 5색 지혜 빛줄기
　　　바닥치고 머리길 올라오니
　　　잠재적 성향 화로 위 눈이네

무색의 하늘 수천 송이 연꽃 피니

생사의 속박 벗어나는 길이어라

공의 지혜를 얻기 위한 사유명상

　사유에는 첫째, 대상[여기서는 공성]에 겨냥하는 뜻이 있습니다.
둘째, 공성을 방해하는 잘못된 견해를 없앱니다. 또한 견해에 의
해 대상이 고정되어 있습니다. 다른 것과 분리되어 있다. 스스로
존재한다고 생각되는 대상을 해체시킵니다. 셋째, 해체를 통해
대상의 진실이 드러나게 합니다.

◎ 동종 또는 죽비로 시작을 알린다.

▷ 차 도구 일체를 갖추고 차를 우려내어 맛을 음미할 수 있도
　록 준비합니다.

▷ 동종의 신호 소리를 들으면서 시선을 코 끝에 두고 편안하게
　숨을 들이쉬고 내쉬면서 행다선을 합니다.

▷ 이제 눈을 감습니다. 차방을 시각화합니다.

▷ 찻상에는 명상찻잔과 물 식힘 그릇, 다관, 차통, 차시, 물 끓이
　는 도구 등을 구비하고 왼쪽 벽에는 '다선일미' 족자를 걸어
　둡니다.

▷ 뜰 앞 연못에는 '연꽃이 활짝 피어 있음'을 시각화합니다.

▷ 차상 앞에 조용히 마음을 가다듬고 앉아 있음을 상상합니다.

▷ 이제 눈을 뜨고 다관에 차를 넣고, 우려낸 차를 명상찻잔에 따릅니다.

▷ 차를 한 모금 마시고 차맛을 음미하면서 이 차맛이 어떻게 일어났는지 차맛을 매개로 서로 관계 형성을 사유하고, 차맛의 공성을 통찰합니다.

□ 이 사유를 통하여 안으로는 몸과 마음의 관계, 밖으로는 자아와 비자아非自我의 관계, 자기와 부모, 형제, 부부, 자녀와의 관계, 자기와 사회와의 관계, 자기와 자연환경과의 관계 등을 살펴보는 것입니다. 그리고 차와 다기 등 차 도구가 있어 한 잔의 차맛이 있음을 함께 사유통찰합니다. 사유통찰은 순서대로 이어갑니다.

□ 상상의 다실을 시각화하는 것에는 여러 가지 뜻이 있습니다. 이렇게 시각화하는 이유는 집중력을 키우고 증장시키고 시각화한 내용 그대로를 실현될 수 있도록 마음을 익히는 것입니다. 또한 수행의 목적을 분명하게 각성시키는 것입니다. '다선일미'의 족자를 걸어 놓는 것은 다선일미의 일미一味는 마음빛[심광명]의 다른 이름이며 깨달음의 내용입니다. 그리고 뜰 앞 연못의 '연꽃이 활짝 피어 있음'은 깨닫는 순간을 상징하는 것입니다.

□ 명상언어로 명상을 인도하는 사람은 행다선 수행자들이 쉽게 이해하게 하고 싶다면 명상언어를 다르게 첨가하여도 됩니다.

▷ 찻상 위에 놓인 명상찻잔의 차맛을 음미하면서 이 차맛이 여러 조건에 의해 발생했음을 생각합니다. 그리고 우주와 하나로 연결되어 있음을 시각화하여 관계망의 이치를 생각합니다. 차상 위에 놓인 명상찻잔의 차맛을 음미하면서 이 차맛이 여러 조건에 의해 발생함을 생각합니다. 그리고 우주와 하나로 연결되어 있음을 시각화하여 관계망의 이치를 생각합니다.

다음의 명상 내용들을 함께 이해하면 되겠습니다.

① 이 차맛이 찻물과 혀와 미각의식 등 삼자의 화합으로 인하여 발생함을 이해합니다.

② 이 차맛은 차의 도구 일체와 자신과 연결되어 있으며, 차 따는 사람, 차 만드는 사람, 차나무, 흙, 빗물, 햇빛, 바람, 공간 등의 인연에 의해 주어집니다.

③ 차맛을 일으키는 이 모든 것은 원인과 조건의 상호작용에 의

하여 하나로 연결되어 있으므로 둘이 아님을 통찰함으로써 차맛의 뜻이 연기함을 드러냅니다.

④ 차맛의 발생과 연결의 뜻을 통하여 차맛의 부분이 전체를 이루고 전체 속에 부분이 존립한다는 것을 생각합니다. 그러므로 부분과 전체의 상호 의존함을 통하여 분리되어 있고 별개의 것이라는 생각이 잘못된 생각임을 압니다.

⑤ 따라서 부분은 전체이며, 전체는 부분으로 전체와 부분은 동등함을 생각합니다. 이분법적 사고로 인한 차별을 타파하여 모든 존재가 평등한 하나의 성품임을 사유하고 이해합니다.

⑥ 부분과 전체가 동등함으로 우주의 인드라망, 세계의 물류유통연결망, 인터넷망, 인체의 신경망, 이 모든 망의 근원이 앎에 의해 주객이 하나로 연결되고, 마음의 망 하나로 연결되어 둘이 아님을 생각합니다. 모든 존재가 상호 의존하므로 독립된 것은 없음을 이해하고 망網이 '마음의 망'임을 이해합니다.

⑦ 상호 의존하므로 시간상으로 끊임없이 변하는 것은 무상無常이요, 무상을 통하여 모든 존재는 형상이 없음을 알게 됩니다. 그러므로 변하지 않고 고정되어 있고 독립되어 있다고

알고 있는 것은 '잘못된 견해'임을 알고 그 잘못된 견해를 버립니다.

⑧ 생긴 것은 사라지고 형성된 것은 무너지게 되므로 대상이 고정되어 있고 분리되어 있고 스스로 존재한다고 생각하고 집착함은 괴로움임을 이해합니다. 몸과 사물의 소유는 즐거움이라는 생각도 잘못된 견해임으로 버립니다.

⑨ 또한 둘이 아니므로 개체의 자아란 존재하지 않음을 사유 통찰합니다. 유아有我라는 잘못된 견해도 버립니다.

⑩ 또한 모든 존재가 상호의존하여 연기하므로 자성이 없어 공함을 사유하여 이해합니다. 모든 존재가 실체를 주장하는 불멸의 자체성품[自性]은 존재하지 않음을 알게 되어, 자성의 잘못된 견해도 버립니다.

결론적으로 연기법을 듣고 사유 분석해 가면 연기란 모든 존재가 타他를 의존하여 존재하므로 최초의 원인인 처음과 끝이 없고 내재하는 것이 없어 공입니다. 그러므로 잘못된 견해는 마음의 문제이므로 마음에 집중하여 '마음의 연기공'을 보아야 한다는 것을 알 수 있습니다.
말과 생각은 대상을 고정화시키고 실체화한다고 생각하므로 잘못된 견해가 생깁니다. 그러한 잘못된 견해는 있음과 없음이 분명하고 처음과 끝이 있습니다. 그렇지만 상호의존한다는 것은 발생의 원리이며 변하므로 고정되어 있는 유有가 아니며 또 변하므로 없어지는 무無가 아닙니다. 그래서 변하므로 처음을 정할 수 없고, 변하므로 끝을 정할 수 없으므로 언어와 생각의 한계가 옵니다. 그래서 '이것이다'라고 결정할 수 없으며, 내재하는 그 무엇도 생각으로 찾을 수 없음을 알고 더 이상 나아갈 수 없는 벽을 느끼게 됩니다. 그러므로 말과 생각을 떠나야만 이 벽을 넘어 갈 수 있다는 것입니다.

▷ 이제 상상의 다실에서 벗어나 살며시 눈을 뜨고 차상 앞의 차를 음미합니다. 그리고 이 차맛이 우주와 하나로 연결되는 연기 공의 이치를 시각화하여 보면서 마무리합니다.

◎ 동종 또는 죽비로 끝을 알린다.

다음은 여러 색차를 마실 때의 오색차 명상을 해보겠습니다.

◎ 한번 죽비 신호를 보낸다.

▷ 눈앞의 차를 마시면서 오색차 명상을 시작합니다.
▷ 5분 이상 명상할 때는 찻잔을 내려놓고 명상합니다.

▷ 상상으로 차를 계속 마십니다. 1분이나 30초 정도면 찻잔을 들고 명상합니다. 찻잔을 들고 있을 때도 찻물을 시각화하여 계속 마십니다.

▷ 동종을 치고 여운이 끝날 때까지 시선을 코 끝에 두고 동종이 없을 경우는 10초 정도 자기 자신을 주시합니다. 두 손으로 찻잔을 받쳐 들거나 연꽃이 피듯이 찻잔을 들고 차를 한 모금 마십니다. 차를 조금 머금는 것보다는 차를 많이 머금고 차를 넘겨야 효과가 큽니다.

1) 파랑색차(청차)를 마실 때

① 찻물을 넉넉히 한 모금 마실 때, 맑고 투명하게 빛나는 파랑색 빛을 빛살같이 시각화하여 차를 삼킵니다.

② 찻잔을 내려놓거나 들고 명상합니다.

③ 파랑색차 빛은 그대로 공성임을 이해합니다.

④ 찻물이 목을 타고 내려 갈 때, 맑고 투명하게 빛나는 청색 빛은 정수리의 뇌에 머물도록 합니다. 그러면서 뇌에 위치하고 있는 생명유지의 바람[持命風-持命氣]의 기운이 활발해짐을 상상합니다.

⑤ 정수리에서 머릿속의 뇌에 파랑색차의 기운이 마치 모래에 물이 스며드는 것과 같이 스며든다고 상상합니다.

⑥ 시각화한 것을 객관적으로 보고 있는지 알아차립니다. 만일 지적 번뇌와 정적 번뇌가 일어나면 맑고 투명하게 빛나는

파랑색 빛과 뇌의 인연으로 나타남을 관찰합니다.

⑦ 이 번뇌들은 이것과 저것의 조합이므로 모든 것은 꿈 같고 물에 뜬 달 같은 환영임을 이해합니다. 또한 상호관계가 연관되어 있으므로 연쇄반응이 일어나기 때문에 변화와 시간의 무상한 이치를 이해합니다.

⑧ 최종에는 무아 · 공임을 이해하며, 무아 · 공이므로 모든 것과 소통이 이루어지면서 어떤 것도 자기 몸처럼 아끼는 진정한 자비가 실현됨을 이해합니다. 즉, 자기 것을 상대에게 주어서 기쁨을 일으키고 상대의 고통을 빼앗아 없애 주는 것을 이해합니다.

⑨ 공의 이해에 영향을 받는 지명풍의 기氣는 [들이켜] 삼킴, 흡입, 뱉음, 트림, 재채기, 그리고 마음과 집중의 안정과 감각을 명료하게 하는 것을 조절하는 생명력을 활성화합니다. 특히 지명풍의 기운은 정문 뇌에 있으면서 지혜를 영활시키고 기관을 밝게 하며 사유가 지속되게 합니다.

⑩ 이때 몸의 기운과 마음의 상태를 살핍니다. 모든 것을 포용하고 관통하는 지혜가 생긴다면 그것은 흰색 빛의 지혜이므로 마음이 흰색같이 무분별 상태가 될 것입니다.

2) 검정색차(흑차)를 마실 때

① 차를 한 모금 마십니다.

② 찻잔을 내려놓거나 들고 명상합니다.

③ 맑고 투명하게 빛나는 검정색 차를 녹색 빛의 차로 기체화시켜서 차를 삼킵니다.

④ 녹색 빛 차가 미간에 잠시 머물도록 합니다. 그리하여 눈과 신경계, 머리와 뇌에, 마치 모래에 물이 스며들 듯이 연상하여 녹색 차의 빛이 기운화하여 스며들도록 합니다. 혹시 증오심이 생기면 검정색 차의 빛과 미간의 인연으로 나타나는 것이므로 증오 또한 독립된 실체가 아님을 이해합니다. 그러면 검정색의 증오가 평화의 녹색 생명지혜로 전환되는 것입니다. 이것은 자비의 색인 흰색차 명상을 통해서도 가능합니다. 흰색의 자비가 공성의 지혜를 근거하기 때문에 미간 차크라가 지혜의 눈이 생기게 하는 차크라로 전환됩니다.

3) 붉은색차(홍차)를 마실 때

① 차를 한 모금 마십니다.

② 찻잔을 내려놓거나 들고 명상합니다.

③ 맑고 투명하게 빛나는 붉은색차를 불꽃이 타오르는듯 기체화시켜서 차를 삼킵니다.

④ 차가 목에 잠시 머물도록 합니다. 목 차크라는 목젖에 위치하고 있으므로 인후와 입을 통하여 작용하면서 말, 맛보기, 삼키기, 트림, 토하기 등을 담당합니다.

⑤ 찻물이 목에서 가슴으로 내려갈 때, 모래에 물이 스며드는 것과 같이 상상하여 상승의 바람[上行風–上行氣]이 위치하

고 있는 가슴과 흉부에 머물도록 합니다. 그러면 붉은 빛 차
의 기운이 상행풍의 기운에 영향을 주게 됩니다.

⑥ 붉은색차의 기운과 상행풍의 기운이 같이 목 → 코 → 귀
→ 정수리로 상승함을 연상합니다. 그리하여 말과 호흡하
는 등의 기능에 활력을 줍니다. 또 말과 활력, 몸의 무게, 기
억 등의 육체적인 측면과 활력, 건강, 안색과 피부 윤택 등 정
신적인 인내, 근면을 조절하는 생명력을 얻어서 몸과 마음이
활력에 넘치게 합니다.

⑦ 붉은색차의 기운이 정수리로 상승함으로 인하여 탐욕이
생긴다면 붉은색차와 목의 인연으로 인하여 나타난 것임을
알아차리고 인연은 독립된 실체가 없으므로 탐욕 또한 실체
없음을 관찰하고 이해합니다. 그리고 이타심을 내어 실천할
것을 생각합니다. 이것이 탐욕이 무탐의 지혜를 일으키는 것
입니다.

4) 흰색차(백차)를 마실 때

① 차를 한 모금 마십니다.

② 찻잔을 내려놓거나 들고 명상합니다.

③ 맑고 투명하게 빛나는 흰색차를 미세하게 액체화시켜서
차를 삼킵니다.

④ 미세한 액체화의 차를 흰색차의 기운으로 전환하여, 모래
에 물이 스며들 듯이 연상하여 가슴에 머물도록 합니다.

⑤ 가슴에서 손끝, 다리 끝까지 모래에 물이 스며들 듯이 스
며든다고 시각화합니다. 그러면 가슴에 위치해 있는 변행기
遍行氣는 들어 올리는 것, 걷기, 뻗기 그리고 근육을 수축하고
입과 눈꺼풀, 항문을 열고 닫는 것 등을 조절하며 가슴[심장]
에서 시작하여 팔과 다리 끝까지 전체적으로 퍼져 있는 기운
을 조절하며 혈액을 맑게 하는 모든 것들을 관장하는 기운인
생명력을 얻어 몸과 마음에 활발발하게 영향을 줍니다.
⑥ 흰색차의 빛을 스며들게 하는데 가슴의 답답함, 꽉 막힘,
통증 등이 생기면 공성에 의한 자비심을 가지고, 분노와 증
오 등에 의한 상처의 결과임을 이해하고 흰색차의 빛을 그
상처에 스며들게 하여 치유합니다. 그리하여 흰색차의 빛과
가슴상처의 인연의 작용을 생각하고, 상처를 주는 주체와 실
체가 없음을 이해합니다. 그리하여 가슴이 텅 비어 있음을
체험하면 가슴의 텅 빔이 청색無色의 빛으로 전환함을 알아차
려야합니다. 텅 빔[무색]은 곧 공성의 드러남이므로 흰색의 자
비가 모든 것을 공으로 보고 아는 지혜가 생김을 이해합니다.

5) 노랑색차(황차)를 마실 때

① 차를 한 모금 마십니다.
② 찻잔을 내려놓거나 들고 명상합니다.
③ 맑고 투명하게 빛나는 노랑색차를 미세하고 부드러움으
로 액체화시켜서 차를 삼킵니다.

④ 미세하고 부드럽게 액체화 된 차를 노랑색차의 기운으로 전환하여 모래에 물이 스며들 듯이 연상하여 배꼽 주위에 머물도록 합니다. 이 배꼽 차크라는 소화 기관과 관계를 맺고 있으며, 담즙, 간, 위장 등을 포함하고 있습니다.

⑤ 맑고 투명하게 빛나는 노랑색차의 빛이 배꼽 주위에 머물도록 하여 노랑색차의 빛이 공성의 형상화임을 이해하고 노랑색차의 빛이 그대로 공이며 그 대상인 배꼽 주위 또한 공임을 알아야 합니다. 여기에는 독립된 자아가 없음을 확인하고 노랑색차의 빛과 배꼽 주위의 인연과의 작용으로 자아가 나타난 것임을 이해합니다. 그리하여 아我라는 그릇된 믿음을 날려버리고, 무아의 평등을 아는 지혜로 전환되어야 함을 이해합니다. 나아가 세간의 모든 잘못 알고 있는 견해들에서 벗어나야 함을 이해하고 생각합니다.

6) 녹색차(녹차)를 마실 때

① 차를 한 모금 마십니다.

② 찻잔을 내려놓거나 들고 명상합니다.

③ 녹색차가 맑고 투명하게 빛나는 기체로 화하여 차를 삼킵니다.

④ 맑고 투명한 녹차의 빛 기운이 위장과 복부, 즉, 단전에 머물도록 합니다.

⑤ 녹색차의 기운이 위장과 복부에 위치하고 있어서 머무름

의 바람[等住風-等住氣]의 기운이 활성화되도록 모래에 물이 스며들 듯이 시각화합니다. 그러면 머무름의 바람[불을 일으키는 바람]의 기운은 전부 내장에 분포되어 있으므로 음식을 소화하며 신진대사를 조절하는 기능이 활성화됩니다. 또한 이 기운은 7종체[뼈, 살, 피, 정액 등]를 숙성시켜 몸과 마음의 생명력을 키우도록 합니다.

⑥ 맑고 투명한 녹차의 빛 기운이 위장과 복부, 즉, 단전에 머물도록 합니다. 시기질투 같은 부정적인 심리가 일어나면, 스며들게 한 녹색 빛과 복부가 인연관계로 인하여 유무의 양 극단에 떨어지지 않는 중도의 공정한 것임을 생각합니다. 부정적인 심리 또한 공성임을 이해하고 접촉하는 모든 것이 그대로 공성임을 이해하며 녹색은 평화의 지혜임을 이해합니다.

7) 흰색, 노랑색, 붉은색, 검정색이 모여 있는 차를 마실 때

① 황금 같은 노랑색차[황차]를 먼저 마십니다. 차를 한 모금 마시고. 찻잔을 내려놓거나 들고 명상합니다.

② 5분 이상 명상할 때는 찻잔을 내려놓고 명상합니다. 그러나 1분이나 30초 정도면 찻잔을 들고 명상합니다.

③ 차를 삼킵니다. 이때 차가 목으로 내려갈 때, 영롱한 황금 같이 맑고 투명하게 빛나는 노랑색차를 빛나는 물방울 같이 액체화를 시킵니다.

④ 그리고 아래로 물 흐르듯 내려가서 직장, 창자, 회음부에

머물도록 합니다. 직장, 창자, 회음부에 위치하고 있는 아래
로 향하는 바람[下行風-下行氣]의 기운을 활성화합니다

⑤ 모래에 물이 스며들 듯이 맑고 투명하고 영롱한 노랑색차
의 기운이 스며들도록 합니다. 노랑색차의 기운은 하행풍의
기운과 함께 대변, 소변, 정액, 월경, 자궁 수축과 태아를 밀
어내는 등을 조종하는 기능에 생명력을 불어넣습니다.

⑥ 이어서 맑고 투명한 청색 찻잔에 흰색, 노랑색, 붉은색, 검
정색 차를 한 번에 따르고 한 모금 마십니다.

⑦ 찻잔을 내려놓거나 들고 명상합니다.

⑧ 4요소의 빛 차가 직장, 창자, 회음부에 머물도록 하고 욕
망의 근간인 탐욕, 증오, 자아라는 둔한 번뇌가 일어날 때는
4요소의 빛 차가 공성의 형상화라고 생각하고, 비치는 차 빛
과 직장, 창자, 회음부가 인연되어 나타난 것으로 이해하고
이 인연의 작용으로 나타나는 자아나 탐욕 증오는 실체가 없
는 환영임을 이해합니다.

▷ 회음부 차크라에서 다시 역으로 올라갑니다.
즉, 8 녹색차 → 9 노랑색차 → 10 흰색차 → 11 붉은색차 →
12 검정색차 → 13 청색차의 순서로 진행합니다.

정리하자면, 파랑색차로 시작해서 파랑색차로 끝납니다. 이렇
게 반복 순환하며 명상해야 합니다. 이처럼 오색차 명상을 하고

숙달되면 몸의 기운이 왕성해지며 아래에서 올라가는 기운도 왕성해집니다. 생명에너지인 음양의 두 가닥의 기운이 교차하면서 일곱 차크라로 올라가기도 할 것입니다. 몸의 형태가 점점 없어질 것이며, 몸이 사라지는 상태가 올 것입니다.

이런 현상은 거친 몸의 형태가 사라지고 미세한 마음의 영역으로 들어서는 것입니다. 이때 마음은 아주 차분해지면서 몸과 마음이 안정되고 의식은 점점 깨어날 것입니다. 빛과 같이 깨어나면서 근원인 심광명으로 되돌아갈 것입니다.

또한 이것과 연동해서 지地-수水-화火-풍風-공空의 5요소의 5색의 순서대로 오색차 명상을 하게 되면 최종적으로 공성을 깨닫는 길이 열립니다. 즉, 심광명, 마음광명의 본질은 텅 빈 공성이기 때문에 결국에는 마음의 본성을 깨달을 수 있습니다.

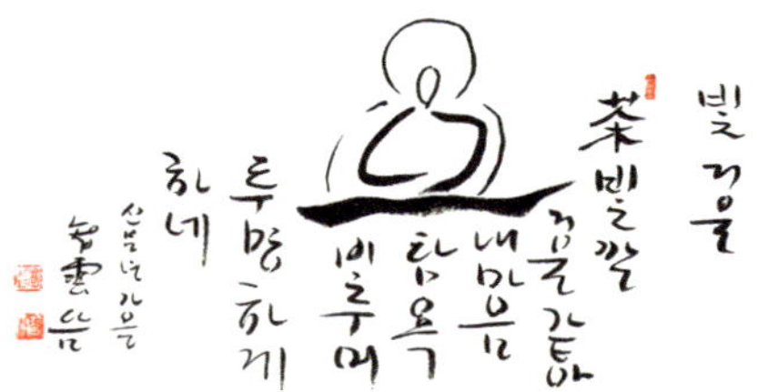

2. DNA에 따른 오색차 명상

몸은 4대인 지地 · 수水 · 화火 · 풍風의 기운으로 형성되어 있습니다. 4대가 어긋나면 병이 일어납니다. 흙은 뼈, 피부, 장기 등 20여 가지를 형성합니다. 물은 혈액, 소변, 침 등의 체액이 됩니다. 불은 차거나 따뜻한 체온이 됩니다. 바람은 기로서 움직임이 그 특성입니다. 그리고 흙 · 물 · 불은 이 바람의 요소에 의해서 움직입니다. 바람은 말과 행동과 생각을 일으킵니다. 바로 이러한 4대가 합쳐진 것이 몸입니다. 아비달마에 의하면 음식, 온도, 업, 마음에 의해서 4대의 기운이 형성된다고 합니다.[87]

우선 음식물에 관하여 살펴보면, 습생을 잘하면 몸이 건강해지는 쪽으로 바뀌게 됩니다. 기운이 떨어졌을 때 자양분을 보충해 주면 바람의 기운이 생성되어 의욕이 다시 살아나는 것과 같습니다. 반대로 잘못된 습생은 4대의 기운이 서로 충돌하여 몸의 조화가 깨어져서 몸이 아프게 됩니다.

둘째로 온도는 환경과 관련 있습니다. 이를테면 겨울에 잠시 소홀하여 찬바람 때문에 감기가 들어도 몸의 4대가 어긋나서 통증이 일어납니다.

셋째로 업業은 집착이 고착된 습관성입니다. 따라서 음식물 섭취의 습관, 말, 행위 등의 잘못된 습관 등이 4대가 어긋나게

---

87 『아비담마 길라잡이(하)』, 초기불전연구원, pp. 559-566.

하는 원인입니다.

　넷째로 마음의 상태와 관련되어 있습니다. 예를 들어, 화가 나면 심장이 조여드는 듯한 타격을 받습니다. 다음으로 위, 폐, 간 등에 영향을 미쳐서 상하게 됩니다. 화는 물 기운에 의해 일어나므로 심장에 무리가 가게 됩니다. 혈액순환의 본부가 심장이기 때문입니다. 4대는 상호의존하고 있습니다. 그래서 몸이 아픈 것도 음식물, 온도, 업[생활습관], 마음 등을 잘 조화시켜 주면 정상적으로 회복될 수 있습니다.

　그래서 4대 각각의 편중과 어긋남 때문에 404가지나 되는 몸의 병과 마음의 병이 생기는 것입니다.[88] 4대가 각각의 심리를 일으키므로 4대의 어긋남은 심리현상의 충돌이라고 보아도 됩니다. 4대로 인하여 부정적인 심리가 일어나고 부정적인 심리는 번뇌가 되어 몸과 마음을 아프게 합니다. 아픈 몸과 마음은 다시 번뇌를 일으키는 악순환이 반복되는 것입니다. 여기서 몸의 병과 생각의 병을 이해하고 DNA에 따른 오색차 명상을 통하여 4대의 어긋남을 잘 조화시키고 화합시키고 소통시킴으로써 몸의 기운이 바르게 바뀝니다. 그래서 몸의 기운이 바르게 바뀌면 잘

88　『涅槃經』권12, 『孔雀王呪經』上, 『菩薩經』권1.
　　'4大에 각각 101가지 병이 있음으로 404가지 병이 된다. 허공의 요소는 『능엄경』에 이르길 무지를 일으킨다고 했다. 여기에 따르는 병이 있을 것으로 본다. 『열반경』에서는 풍대風大와 수대水大에서 202가지의 냉병冷病과 지대地大와 화대火大로 인해서 202가지 열병이 생긴다.'

못된 습관에 젖어 있던 몸은 고통의 틀이 무너지므로 마음의 병이 치유됩니다.

아비달마 논서에서는 몸을 구성하는 흙·물·불·바람의 요소가 음식물·온도·업·마음의 영향을 받아 흙·물·불·바람이 생성된다고 설합니다. 생성되는 몸은 마음의 행위에 의해 발생한 여러 가지 정보를 받아들여 저장합니다.

DNA도 이와 유사합니다. 즉, 유전학에서는 몸을 구성하는 기본 물질은 음식물·환경·생활습관·마음으로 유지되며 생성됩니다. 모든 식물과 동물들의 생명체를 이루는 기본구조는 세포이며, 생명체를 구성하는 모든 정보 역시 세포 안에 들어 있습니다. 그것이 유전물질이며 DNA라고 합니다. DNA도 유전물질이므로 그 구성요소는 당연 5요소입니다.

이중나선 구조를 지닌 DNA 정보 분자는 생명의 언어이며 모든 생명체의 '생명 지시종합서'입니다.[89] 유전체는 유전정보를

---

89 프랜시스 콜린스 지음, 이정호 옮김, 『생명의 언어』, p. 40.
　　'이 세포에 염료로 물이 든다. 물든 세포의 핵을 '염색체(染色體, chromosome)'라고 하며, 염색체가 풀어져서 핵 전체에 퍼져 있을 때는 실처럼 풀어졌다 하여 '염색사(染色絲, chromatin)'라고 불렀다. 사실 이 염색체가 바로 유전을 담당하는 물질이다. 염색체가 곧 유전체라고 한다. 따라서 유전체의 수나 모양, 구조 등의 변화는 유전적인 변화를 일으킨다. 한 생명의체의 유전체의 크기는 대략적으로 한 생명체가 가진 염기쌍의 숫자로 표현될 수 있다. 비틀며 감고 올라가는 이중 DNA의 나선을 사다리로 생각해보면 된다. 사다리의 계단 각각은 A, C, G, T(A는 아데닌, C는 사이토신, G는 구아닌, T는 티민의 약자)라는 염기가 구성

담고 있는 유전물질이기 때문에 또한 부모로부터 우성인자로 물려받는 유전물질입니다. 염료에 물들 듯이 세포는 생활하면서 음식물, 환경, 생활습관, 마음의 영향을 받습니다. 부모에게서 물려받은 DNA에 당뇨, 암 등의 부정적인 요소도 있습니다.

몸은 400조나 되는 세포로 이루어져 있습니다. 서로 다른 세포는 서로 다른 조합의 유전자들을 사용하여 제 각각의 기능을 수행합니다. 이 때문에 간세포나 뇌나 근육의 세포가 다른 것입니다. 서로 다른 세포 내에서는 여러 가지 DNA에 붙은 단백질들이 프로그램을 작동시킵니다. 그리고 서로 다른 프로그램들은 주변 유전자들의 스위치를 켜거나 끄거나 합니다.

매번 세포가 분열할 때마다 전체 유전체가 똑같이 복제되어야 합니다. 하지만 오류들이 은근 슬쩍 끼어듭니다. 때때로 이러한 오류들은 세포가 적정 속도 이상으로 빠르게 성장하도록 만들고 심지어 암으로 발전하게 만듭니다. 이러한 국면에는 환경 등이 영향을 미치기도 합니다.

그러므로 부정적인 요소의 스위치가 부정적인 음식물, 환경, 생활습관, 마음에 의하여 켜지지 않도록 하기 위하여 DNA에 따른 오색차 명상을 하는 것입니다. 명상은 부정적인 감정, 생각 등을 소멸시키기 때문입니다. 니아가 당뇨, 암 등의 돌연변이 세

하는 쌍으로 이루어져 있다. 그런데 유전물질 4종류밖에 없는 DNA로 어떻게 수만 가지가 넘는 인간의 유전적 형질을 모두 저장할 수 있을까? 간단한 예는 컴퓨터와 같은 디지털 기기들로, 이들은 0과 1의 단 두개의 기호만으로도 수없이 많은 정보들을 저장하고 처리해내는 것과 같다.'

포를 음식물이나 환경을 바꾸는 생활습관 개선으로 해결할 수
도 있습니다.

DNA의 부정적인 요소로 인하여 표면으로 나타나는 육체적
인 질병으로 인한 정신적 스트레스는 말할 수 없을 정도입니다.
그러므로 오색차 명상의 5색채는 5요소의 색이고 5요소는 몸의
구성요소이므로 오색차 명상은 이러한 문제를 해소하기 위하여
하는 것입니다.

부모에게서 받은 DNA 방식은 4요소의 색채의 빛을 모두 합
치면 흰색이 됩니다. 차의 맑고 투명한 흰색 빛으로 명상을 할
때, 찻잔의 바탕이 흰색이고 그 속에 4요소의 색채가 들어 있는
빛의 찻물이라고 상상하면서 찻물을 한 모금 머금고 찻잔을 내
려놓습니다. 그리고 그 한 모금의 찻물을 목으로 넘길 때, 차색
빛이 흰색 빛에 나머지 4요소의 색채를 동시에 가슴에 머물게
합니다. 그 다음에 온몸의 DNA에 빛이 투과되듯이 스며들게 합
니다.

어버이 기억
몸 기억
무의식으로 흐르네

DNA 이중나선 유전물질

먹거리와 환경정보 받아들이나니

5대大 5색色 표현이라네

질병의 정보 끊어주고

치유하는 차 5색 파장아

색채 그대로 텅 빈 춤사위이라네

5요소의 5색채는 파장입니다. 이 색채파장이 유전물질인 DNA의 이중 나선구조에 영향을 줍니다. 그 영향에 의해 몸이 기억하고 무의식이 기억하고 있는 정보가 나타나도록 합니다.

1. 흰색차를 제일 먼저 마십니다.

2. 4가지 차의 색이 조화되고 있는 것으로 시각화합니다.

3. 가슴에서 노랑색차, 녹색차, 파랑색차, 붉은색차, 흰색차가 어우러진 것을 시각화합니다.(순서 상관 없음)

4. 사다리가 배배 꼬여 있는 것 같은 이중나선 DNA 구조를 영상화하고 온 몸 전체의 DNA로 오색차의 빛을 보냅니다. 일시에 같이 보내도 되며 순차적으로 보내도 됩니다. 그리고 오색차의 빛을 가장 미세하게 시각화하여 흡수되도록 합니다.

3. 5요소의 공성 깨침의 오색차 명상

한마음은 자성광명이며 거울같이 맑고 허공같이 투명한 각체
覺體라는 것을 잊으면 안 됩니다. 오색차 명상은 색 한마음 다선
에 들어가기 전의 몸과 마음을 정화하는 차 명상법이며 상상력
으로 명상을 하는 방법입니다. 즉, 상상의 다섯 가지 차 색채로
명상합니다.

상상이 되는 5색채는 모두 마음이 만든 환이며 또한 객관화되
는 자신의 마음임을 알고 명상해야 합니다. 색채를 떠올리려고
마음을 내자마자 즉각 선명한 색채를 떠올릴 수 있고 또한 즉각
그 영상을 지울 수 있을 때 관觀이 익어가는 것입니다.

5색 찻잔의 순서는 흙 · 물 · 불 · 바람 · 허공의 색채 순서대로
합니다. 왜냐하면 흙은 고체이며 물은 액체, 불과 바람은 기체,
허공은 흙 · 물 · 불 · 바람의 근거이자 근원입니다. 물론 허공의
근원은 청명한 마음의 빛[자성광명]입니다. 곧 흙의 노랑색차에
서 허공의 파랑색차로 가는 것은 근원으로 돌아가는 것이며, 결
국 청명한 마음빛으로 들어가는 것입니다.

그리고 다시 역순으로 파랑색차에서 노랑색차로 가는 것은
근원의 현현입니다. 즉, 색色 → 공空, 공 → 색으로 가지만 이는
곧 색과 공은 둘이 아니며 같은 것임을 나타냅니다. 이처럼 오색
차 명상은 노랑색차에서 끝맺음 합니다. 그리고 대중과 함께 할

때는 명상언어를 사용합니다.

5색 나래 펴니

무상 고 무아 무색이라

노랑 하양 빨강 녹색 파랑 色卽空이라

파랑 녹색 빨강 하양 노랑 空卽色이네

色空不二

空色不二여

텅 빈 지혜빛

암흑천지 밝히네

공에 초점 맞춰 사유하여

텅 빈 공空 모양 공으로 깨리

空空이여

유정 위해 자비 펼치니

세상 모든 속박 허공꽃이로다

이제 공성 깨침의 오색차 명상을 시작합니다.

◎ 죽비 세 번 치면서 합장 인사한다.

▷ 시선을 코 끝에 두고 숨을 들이쉬고 내쉽니다.

▷ 내쉴 때 온몸의 힘을 쭉 뺍니다. 마치 양동이의 물이 아래로 수위가 낮아지듯이 연상하면서 머리부터 발끝까지 차례로 힘을 쭉 뺍니다.

▷ 그 상태로 허리를 쭉 폅니다. 온 몸의 긴장을 풀어주는 것입니다.

▷ 온 몸의 긴장이 풀린 상태에서 손바닥은 하늘로 향하게 하고 무릎에 가만히 놓습니다. 또는 두 손을 가지런히 포개어도 좋습니다.

□ 차실茶室을 꾸밉니다. 상상력으로 차실을 시각화하여 생생하게 꾸미는 것입니다. 마치 꿈속에서는 시간과 공간을 초월하듯이 상상의 세계도 이와 같습니다. 즉, 유마거사의 방같이 상상의 신통력으로 꾸밉니다. 이제, 가만히 눈을 감고 나만의 차실을 꾸며봅니다.

▷ 왼쪽 등 뒤에 다선일미의 족자를 걸어 두어 일미를 통해 일체 모든 것을 하나로 관통하여 보고 알아 모든 속박에서 벗

어나는 깨달음을 생각합니다.

▷ 차 상 한 곁에 꽃 한 송이도 꽂아 봅니다.

▷ 화로에 숯을 넣어 찻물을 보글보글 끓입니다.

▷ 손님 맞을 방석을 내어 놓고 창문을 활짝 열고 따사로운 햇살이 내려앉은 뜰 앞 연못에 연꽃들이 피어 있습니다. 깨달음이 연꽃을 피우듯 함을 생각합니다.

▷ 바람이 살랑살랑 불어 연꽃을 스치고, 연향이 문턱을 넘어 방 안으로 들어옴을 연상합니다.

  (방문을 열고 초대한 손님들이 들어와 방석에 앉습니다.)

▷ 큰 차 수건을 폅니다. 그리고 찬란하고 투명하게 빛나는 노랑색, 흰색, 붉은색, 녹색, 파랑색의 오색 명상찻잔을 가지런히 놓습니다.

▷ 다관과 물 식힘 그릇을 내어오고 차병茶瓶에 차를 내어 차관茶罐-茶壺에 넣고 뜨거운 물을 부어 알아차림 하면서 차를 우립니다.

□ 시각화를 마치고 현실로 돌아와서 눈앞의 행다함을 알아차림 하면서 오색차 명상을 합니다. 알아차림은 대상[움직임, 느낌, 감정, 생각 등]에 대해 느끼려고 하거나 감정과 생각을 덧붙이거나 의미부여하거나 다른 것과 결부시키려고 하거나 없애려고 하거나 시비 걸려고 하는 심리가 일어나지 않게 합니다. 특히 대상의 무상한 변화를 알아차림 하는 것은 사물과

감정, 그리고 생각으로부터 해방감을 맛보게 합니다.

◎ 죽비 한 번 치고 차 명상의 시작을 알린다.

▷ 다각茶角[90]은 손동작의 모든 느낌의 변화를 알아차리면서 움직임 하나하나 순간순간 알아차림 하여 대상으로부터 마음을 챙깁니다. 그리하여 찻상 위에 노랑색·흰색·붉은색·녹색·파랑색의 명상찻잔을 나란히 놓습니다.

▷ 차를 따르면서 차와 일체 도구가 자신과 하나로 연결됨을 보면서 물이 흐르고 꽃이 피듯이 자연스럽게 마음이 편안하게 모두와 함께 하듯 저절로 일체감으로 흐르게 합니다[行茶禪].

▷ 찻잔을 앞에 두고 한차례 숨을 고르고 마음의 긴장을 풉니다. 이때부터 대중 모두 함께 차 명상을 합니다.

□ 차 한 잔을 마시는 명상시간은 짧게는 20, 30초~1분 정도, 길게는 5분에서 10분 정도가 적당합니다. 그렇지만 개인차가 있으므로 시간은 자신이 적당하다고 판단되는 시간으로 정해서 하면 됩니다. 특히 5분에서 10분 정도로 길게 할 경우는 들었던 찻잔을 앞에 내려놓고 머금었던 차를 삼킵니다. 이어서 계속 시각화하여 차를 마시면서 명상합니다.

---

90   절에서 차를 달여 여러 사람에게 이바지하는 소임을 말합니다.

▷ 첫번째는 노랑색 명상찻잔에 맑고 투명하면서 따뜻한 노랑색차를 따릅니다. 찻잔에 김이 서리고 피어오르는 것을 보면서 연꽃 피듯이 알아차림 하고 두 손으로 찻잔을 잡고 그 차를 마십니다.

▷ 맑고 투명하면서 찬란한 노랑색 찻물의 따뜻한 액체감과 부피감을 느끼면서 생생하게 마십니다. 인위적인 것을 배제하고 그냥 마십니다. 마치 시냇물이 흐르듯 객관적으로 사물 보듯이 합니다.

▷ 그리고 시선을 정수리, 엉덩이, 발끝과 손끝에 동시에 둘 수 있다면 온몸 전체가 한눈에 들어옵니다. 그렇지 않으면 차례로 정수리, 엉덩이, 손끝 발끝으로 시선을 두십시오. 그리고 물이 모래에 스며듦을 연상합니다.

차茶는 물이기 때문에 세포에 스며들게 되어 있습니다. 그러므로 차를 마실 때 시선을 둔 곳까지 몸에 차가 스며듭니다.

▷ 몸 전체의 세포에 스며들었다고 생각되거나 스며들지 않고 목까지 차올라왔다고 판단될 때, 찻잔을 입에서 떼고 가슴 부근에서 잡고 그리고 조용히 몸과 마음의 반응을 살펴봅니다.

▷ 그런 다음 상상 속에서 찻잔을 찻상 위 제자리에 놓습니다.

▷ 몸과 마음의 반응을 살필 때는 그 반응의 움직임, 변화를 알아차려야 합니다. 만일 ①변화와 ②변화를 통해 육체적 심적 고통이 오는 것을 관찰하고 ③육체적 심적 고통을 일으키는 주체나 그 고통이 고정되어 있지 않아 실체가 없음을 관찰할

수만 있다면 지혜가 생깁니다.

▷ 두 번째는 맑고 투명하면서 찬란한 흰색의 명상찻잔에 맑고 투명하고 빛나는 흰색차를 따릅니다. 이 이하는 위와 같습니다. 차례대로 하여 마지막으로 맑고 투명하면서 찬란한 파랑색차를 마십니다. 그리고 조용히 몸과 마음의 반응을 살펴봅니다. 그런 다음 상상 속에서 찻잔을 찻상 위 제자리에 놓습니다.

□ 여기서 오색차 명상을 끝맺음 해도 되지만, 다시 파랑색 차에서 녹색차 → 붉은색차 → 흰색차 → 노랑색차의 순서로 되돌아오면서 차 명상을 합니다. 이렇게 노랑색차로부터 파랑색차까지의 순서대로 차를 마시고 다시 파랑색차로부터 노랑색차의 순서로 되돌아올 때에 5요소에 해당하는 인체의 부분과 그 인체와 연관되는 심리들이 일어나는 반응을 살핍니다.

□ 오색차 명상을 통하여 무상 · 고 · 무아의 지혜가 생기면 공성의 지혜를 얻기 위해서 다음의 조건들이 필요합니다.
첫째, 공의 지혜를 얻기 위한 사유명상이 필요합니다. 공에 대한 사유는 앞서 제시한 '공의 지혜를 얻기 위한 사유명상'이 있습니다. 공에 초점을 맞추기 위해 필요하고 선정에 들기 위해서입니다.
둘째, 깨어 있는 마음이 분명해야 합니다. 깨어 있는 마음은 몸과 마음에 대해 알아차림이 좋아지면 깨어 있는 마음을 인식할 수 있습니다. 깨어 있는 마음이 필요한 이유는 깨어 있는 마음이 관찰 대상이며 마음의 본성인 공성과 청명한 빛의 마음을 깨칠 수 있는 길이기 때문입니다. 마음이 분명하게 인식되지 않는다면 공성의 깨침은 의미가 없습니다.

셋째, 몸의 형태가 사라지고 없어야 합니다. 몸의 형태가 없는 상태가 되면 거친 영역에서 미세한 마음의 영역으로 들어갑니다.

넷째, 만약 5색채의 영향으로 생명에너지가 중앙통로에 들어가 오르고 내리는 현상이 생기더라도 이 기운을 타고 움직이는 마음과 그 기운이 곧 공성임을 잊지 말아야 합니다. 생명에너지의 영향으로 온몸의 기능이 정지되고 선정이 생기면 이때 공성에 집중하여야 깨달음은 옵니다.

□ 위의 셋째까지 조건이 갖추어지면 몸의 감각도 거의 찾을 수 없고 호흡도 미세하여 호흡의 느낌을 알아차리기 힘들 때에 다 사라졌다는 앎만이 남게 됩니다. 이때의 관찰 대상은 이 앎입니다.

□ 앎에 초점 맞추어 집중해 가면 앎의 내용이 곧 공성이므로 공성에 초점을 맞추는 것이 됩니다.

▷ 이때 공성에 집중하게 되면 비로소 선정이 생깁니다. 물론 선정에 들기 전에 몸과 마음의 경안이 일어납니다. 먼저 기쁨

이 생기고 다음에 온몸에 기운이 스며드는 현상이 생기는 몸
의 경안이 생깁니다. 다음은 마음의 경안이 생기는데 기쁨,
공성[대상]이 선명하고 대상에 집중한 상태가 흐트러지지 않
는 것이 마치 두 손 깍지 끼우듯 합니다.[91]

▷ 선정에 들어갑니다.

▷ 이 선정을 의지하여 공성에 대한 집중명상인 사마타와 공성
에 대한 분석하는 위빠사나를 쌍수하게 됩니다. 이러한 수행
과정을 통해 마음의 본성인 공성 즉, 청명한 빛의 마음을 깨
닫는 길이 분명해집니다.

□ 위의 세번째까지 조건 또는 네 가지 조건은 인체에 따른 오
색차 명상과 DNA에 따른 오색차 명상에서도 경험할 수 있
습니다.

□ 위의 셋째까지 조건이 되지 않을 때는 다시 오색차 명상에
들어갑니다. 첫번째 오색차 명상의 체험을 기억하고 그 기억
을 따라 차 도구 없이 오색차 명상을 합니다. 깨어 있는 마음
의 힘을 키우기 위한 방법입니다. 색채가 곧 마음이고 마음
이 색채임을 체험하게 됩니다. 이때 다시 위의 셋째까지의
조건이 갖추어지면 마음의 빛인 근원에 들어갈 길이 생기는
것입니다.

---

91 법문을 듣는 힘·사유의 힘·기억의 힘·바른 앎의 힘·정진의 힘·습관의 힘
    등 여섯 가지의 힘의 과정을 거쳐서 선정에 들어갑니다.

이번에는 차 도구 일절 없이 오로지 생생하게 시각화하여 오색차 명상을 해봅니다.

□ 다음 단계로 넘을 때마다 앞서 명상한 내용을 상기합니다. 그 이유는 전과 후의 인연관계를 파악하고 그 가운데서 무상하게 변화하는 것을 인식하기 위해서이며 나아가 고苦와 무아無我와 공空을 체득하기 위한 방법입니다.

▷ 첫번째는 명상찻잔에 맑고 투명하면서 따뜻한 노랑색차를 따릅니다. 찻잔에 김이 서리고 피어오르는 것을 연상하면서 천천히 두 손으로 찻잔을 잡고 그 차를 마십니다.

▷ 맑고 투명하면서 찬란한 노랑색 찻물의 따뜻한 액체감과 부피감을 느끼면서 생생하게 마십니다. 인위적인 것을 배제하고 그냥 마십니다. 마치 시냇물이 흐르듯 객관적으로 사물 보듯이 합니다.

▷ 그리고 시선을 정수리, 엉덩이, 발끝과 손끝에 동시에 둘 수 있다면 온몸 전체가 한눈에 들어옵니다. 그렇지 않으면 차례로 정수리, 엉덩이, 손끝 발끝으로 시선을 두십시오. 그리고 물이 모래에 스며듦을 연상합니다. 차茶는 물이기 때문에 세포에 스며들게 되어 있습니다. 그러므로 차를 마실 때 시선을 둔 곳까지 몸에 차가 스며듭니다.

▷ 몸 전체의 세포에 스며들었다고 생각되거나 스며들지 않고

목까지 차올라왔다고 판단될 때, 찻잔을 입에서 떼고 가슴 부
근에서 잡고 그리고 조용히 몸과 마음의 반응을 살펴봅니다.

▷ 그런 다음 상상 속에서 찻잔을 찻상 위 제자리에 놓습니다.

▷ 몸과 마음의 반응을 살필 때는 그 반응의 움직임, 변화를 알
아차려야 합니다. 만일 ①변화와 ②변화를 통해 육체적 심적
고통이 오는 것을 관찰하고 ③육체적 심적 고통을 일으키는
주체나 그 고통이 고정되어 있지 않아 실체가 없음을 관찰할
수만 있다면 지혜가 생깁니다.

▷ 두번째는 맑고 투명하면서 찬란한 흰색의 명상찻잔에 맑고
투명한 빛나는 흰색차를 따릅니다. 이 이하는 위와 같습니다.
차례대로 하여 마지막으로 맑고 투명하면서 찬란한 파랑색차
를 마십니다. 그리고 조용히 몸과 마음의 반응을 살펴봅니다.
그런 다음 상상 속에서 찻잔을 차상 위 제자리에 놓습니다.

□ 점검에 대해서 말하겠습니다.

5색차를 액체감과 부피감을 느끼면서 명상할 때 5색차의 색
채는 모두 자신의 청명한 마음광명에서 나온 마음임을 알아
야 합니다.

마음은 곧 5요소의 근원이며 5색의 근본 근원입니다. 5요소
는 5색이라는 겉가지의 근원입니다. 따라서 5색채를 연상할
때 5요소로 구성된 몸이 반응하며 심리가 일어나는 반응을
보입니다. 반응하는 몸과 심리의 내용과 그 성격을 살핍니다.

그리고 차향과 차맛을 느끼는지도 살핍니다.

5색은 원색입니다. 그러나 본인의 몸 상태나 심리상태에 따라 연상되는 채색은 원색으로 나타나지 않을 수도 있고, 그 5색이 더 밝거나 더 어둡게 나타나거나 각 원색이 섞여서 다른 색채로 나타나기도 합니다. 또는 명상 중간에 다른 색채로 바뀌어 나타날 수 있습니다.

예를 들어, 노랑색차를 명상하는데 녹색차의 빛깔로 바뀌는 경우입니다. 이 또한 심리를 반영하는 것입니다. 이것은 본인의 몸과 마음의 상태를 반영하는 것입니다. 그리고 5색차 가운데 잘 받아들이는 색채 차가 있으며 그렇지 않은 것도 있습니다. 몸에 잘 흡수되는 색채 차는 몸이 원하는 것이며 그렇지 않은 것은 몸에 이미 갖추어져 있기 때문입니다. 하지만 마시고 싶지 않다는 생각이 드는 것은 그 차색에 대해 심리적인 거부감 때문일 것입니다.

그리고 명상 중에 온몸의 긴장이 완화될 때 그 차색과 관련되는 심리적인 것이 바로 나타날 수 있습니다. 또한 몸에 변화가 온다면 그 차색과 관련되는 기억이나 영상이 나타날 수가 있습니다.[92]

5색에 따른 몸과 심리상태의 점검은 앞서 이야기한 '자성광명'

---

92 이것은 금생의 일뿐만 아니라 전생의 일들과 함께 살펴보아야 할 일입니다.

과 '5색의 다섯 종류의 심리와 치유'에 근거하여 판단하면 됩니다.

◎ 죽비 세 번 치고 마친다.

공성의 지혜로 상(相)을 타파하는 사유명상

위의 과정에서 선정을 얻었다면 지관쌍수止觀双修 할 수 있습니다. 즉, 공성에 집중하는 사마타관과 공의 지혜로 상相을 제거하기 위해 공에 마음을 두고 공의 지혜로 사유하는 위빠사나관을 함께 닦습니다. 지관쌍수로 물에 물을 타면 경계가 사라지듯이 공성과 지혜의 경계선이 사라지면서 모든 속박에서 벗어나는 깨달음을 얻을 수 있습니다.[93] 선정 속에서 열 가지 모양을 공을 관하여 없앱니다.

선정 속에서의 공성관찰은 세간의 모든 속박에서 벗어나는 길입니다. 공 하나로 일체 모든 것을 보고 알기 때문입니다. 즉, 공으로써 욕계欲界 → 색계色界 → 무색계無色界를 관통하여 세간에서 벗어나는 해탈을 얻는 것입니다. 『해심밀경』「분별유가품」에 따르면 아래 10가지 방법이 있습니다.

---

93 법신을 얻음을 뜻합니다.

● 세간

• 욕계를 공으로 관찰하여 제거함

첫째, 문자를 통해 궁극의 뜻을 명료하게 알았다면 갖가지 문자의 모양이 있습니다. 일체 모든 현상[法]은 언어문자로 표현되기 때문에 이것은 일체의 법을 공一切法空으로써 바르게 제거할 수 있습니다.

둘째, 태어나고 죽는 것을 반복하는 것이 괴로운 것임을 바르게 알았다면 나고 없어지고 달라지는 앞과 뒤라는 모양이 있으며 이것이 반복 연속[相續]하여 따르고 변하는 모양이 있습니다. 이것은 앞과 뒤로 반복 연속[相續]하는 모양이 공[無先後空]한 것과 따르고 변하는 모양이 공[相空]한 것으로써 바르게 제거할 수 있습니다.

셋째, 대상에 집착하는 주관의 뜻을 명료하게 알았다면 신체를 돌아보고 사랑하는 모양과 아만의 모양이 있습니다. 이것은 안[신체]이 공함[內空]과 얻을 것이 없다는 공[無所得空]으로써 바르게 제거할 수 있습니다.

넷째, 대상에 집착되는 뜻을 명료하게 알았다면 재물을 돌아보고 사랑하는 모양이 있습니다. 이것은 밖이 공[外空]하다는 것으로써 바르게 제거할 수 있습니다.

다섯째, 수용의 뜻을 명료하게 알았다면 남녀의 받들어 섬김과 생필품이 이에 상응하기 때문에 안으로 안락하다는 모양과 밖으로 깨끗하고 묘하다는 모양이 있습니다. 이것을 안팎이 공함[內外空]과 본성이 공[本性空]함으로써 바르게 제거할 수 있습니다.

• 색계를 공으로 관찰하여 제거함

여섯째, 자연계와 삼천대천세계 즉, 온 우주의 건립의 뜻을 명료하게 알았다면 온 우주의 한량없는 모양이 있습니다. 이것을 큰 공[大空 - 十方이 공함]으로써 바르게 제거할 수 있습니다.

• 무색계를 공으로 관찰하여 제거함

일곱째, 무색계를 명료하게 알았다면 안으로 고요한 해탈의 모양이 있습니다. 이것은 무색계가 다함이 있는 유위임으로 유위가 공[有爲空]하다는 것으로써 바르게 제거할 수 있습니다.

● 출세간

무색계를 공으로 관찰하여 제거하게 되면 곧 세간을 벗어나게 됩니다. 지금까지 공에 마음을 두어 사유함으로써 세간이 공함을 알아 제거하고 공 자체에 머물게 됩니다. 그러므로 공의 모양이 있게 됩니다. 이 공의 모양을 제거하는 것이 출세간의 수행입니다.

여덟째, 공성이 실상진여實相眞如이며 이 실상진여의 뜻을 명료하게 알았다면 몸에는 주재하는 자아 없다[人無我]는 상相, 몸과 마음과 모든 것이 실체가 없다[法無我]는 상이 있으며 오직 마음뿐[唯識]이라는 상이 있으며 공성과 지혜가 둘이 아니라는[勝義] 상이 있습니다. 이것은 필경에는 공[畢竟空]하며, 성품이 없는 공[無性空]이며, 자성이 없는 공[無自性空]이며, 승의도 공[勝義空]하다는 것으로써 바르게 제거할 수 있습니다.

아홉째, 실상진여의 상이 제거되면 청정진여清淨眞如를 알게 되며 청정진여의 뜻을 명료하게 알았다면 무위의 모양과 변하고 달라짐이 없는 모양이 있습니다. 이것은 함이 없는 공[無爲空]과 변하고 달라짐이 없는 공[無變異空]으로써 바르게 제거할 수 있습니다.

• 공 또한 공으로 관하여 해탈함

열째, 저 공상空相을 상대해서 다스리는 공의 성품에 나아가서 그 공성에 마음을 두고[作意]하고 사유하기 때문에 공성의 모양이 있습니다. 이것은 공도 공하다는 공공空空[94]으로써 바르게 제거할 수 있습니다.

---

94 『대지도론』에서는 '공공은 공으로써 앞에서 말한 내공·외공·내외공의 세 가지 공을 깨트리기 때문에 공공이라 이름한다.'고 밝힙니다. 그리고 『중변분별론』 제1권에서는 '지혜로서 능히 안과 밖이 공함을 본다. 공과 지혜가 공이므로 공공이라 한다.'라고 하였습니다.

공을 사유함이여

열 가지 모양[95]을 공하게 할 때

공성에 따라 들어간다고 하나니[96]

공을 관함이여 지혜의 증득이 있다오

이때

공을 관觀하는 의식 따라

공과 같은 영상[97] 나타나니

의식이라는 마술사가 만든 환영이라

이 또한 진실을 가리는 그늘임을 아네

하늘에 나는 새의 흔적 없듯이

다시 공의 지혜가 제거하나니

마술사의 영상 사라지고

마술사도 영상 따라 사라지네

물체의 그림자처럼

---

95 변계소집성
96 원성실성
97 의타기성 영상의 상분相分을 뜻합니다.

일체의 물든 영상 때문에

속박의 씨앗이 있고

물체가 사라지듯

속박의 씨앗으로부터 해탈하고

해탈에 집착하는 마음도 멀리 여읜다오[98]

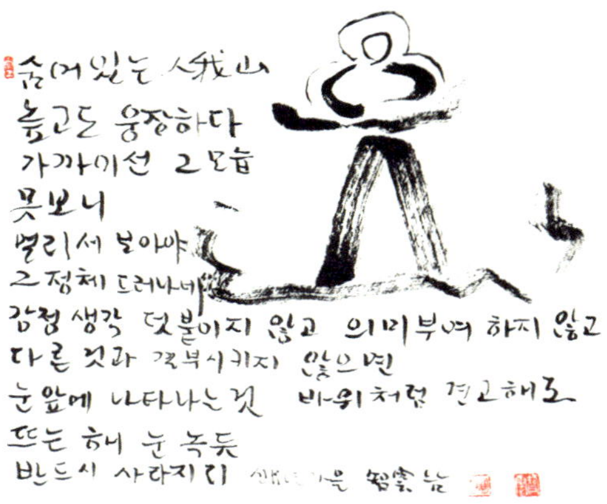

---

98   해탈했다는 인식 주체인 견분 역시 제거합니다.

4. 사랑과 연민의 오색차 명상

맑고 투명한 5색 빛깔 중에 탐욕과 관련되는 색은 붉은색입니다. 하지만 탐욕에 의해 마음에 상처를 받았는데 그것이 자존심 상한 것이라면 황금색차, 분노나 증오심이라면 흰색차, 의욕이 떨어졌다면 녹색차, 상처받은 과거의 기억이 떠오른다면 파랑색차를 공양 올리면 됩니다. 사리분별을 하지 못하여 무지스런 행위를 했다면 역시 공성의 파랑색차가 좋습니다. 즉, 초대하신 분들의 성향에 맞게끔 이렇게 스스로 색깔을 선택하여 공양을 올리면 됩니다. 초대한 상대에 따라 저절로 색깔이 선택되기도 합니다.

잠재적 성향
트라우마여
손님으로 나타나니
묵은 속박 인연이라

내가 생각하는 그 사람
본인의 속마음 심리적 표현이니
그 얼굴 살펴 보아
환하고 미소진 모습 보여라

묵은 인연 상처 따라

오색차 공양 올려

텅 빈 본성 바뀐 자비여

유정의 가슴에 스며 드네

　찻물을 5색 빛으로 하여 몸을 이루는 5요소의 색채에 접촉하여 영향을 주면 온몸에 대응하는 신경세포가 머리에 분포되어 있으므로 찻물 빛의 연상은 두뇌에 영향을 주어 세로토닉, 도파민 등 치유 물질이 분비되고 이것이 몸의 병을 치유합니다. 마찬가지로 DNA의 유전정보 속 각각의 부정적인 정보들에도 영향을 줍니다. 왜냐하면 몸은 5요소의 5색 파장으로 이루어졌기 때문입니다.

　또 각각 에너지 센터는 바람의 요소가 많이 지나가는 곳이므로 심리적인 것이 쌓여 있습니다. 부정적인 심리, 긍정적인 심리가 쌓여 있기 때문에 아주 맑고 투명하고 찬란한 빛을 상상하여 오색차 파동을 이용했을 때 부정적인 것은 해소가 되고 긍정적인 감정이나 생각이 일어나도록 하는 것입니다.

　이렇게 함으로써 심리 치유에 도움이 되며 인체에 관계되는 몸 치유도 같이 된다고 볼 수 있습니다. 이처럼 색깔과 관계되는 과거의 인연들은 오색차 명상을 하면서 지켜보면 됩니다. 지켜보기만 해도 힘들었던 이유를 스스로 알게 되고 아픔이 해소되기도 합니다. 그럼에도 불구하고 계속 강력한 트라우마가 올라오는 경우, 관계되는 그 사람을 초대하여 빛나는 흰색차를 공양 올리고 다음과 같이 축원을 해줍니다.

이 차 공양으로 인해서

적대감을 품지 마시고

몸의 고통과 정신적 고뇌에서 벗어나

늘 평안하고 행복하소서

이렇게 하면 심리적인 갈등이 많이 해소됩니다. 그때 떠올리는 것은 실제 그 사람과는 관계가 없습니다. 내가 그 사람에 대하여 생각하고 있는 나의 심리일 뿐입니다. 내 속에 있는 그런 불편한 심리들을 차 공양 올림으로써 사라지게 합니다. 이런 식으로 초대자에 대한 부정적인 5색의 성격을 살핀 후 사랑과 연민을 담은 오색차 명상을 하게 되는 것입니다.

상담치유와 체험사례

🍃 가볍고 편안한 몸의 느낌

환희행

안내를 받은 찻잔 색상이 처음 할 때는 뚜렷하게 떠오르지 않았습니다. 상상의 색상이 희미했으나 두 번째 차명상 때에는 색상을 조금씩 뚜렷하게 떠올릴 수 있었습니다. 특히 파랑색 찻잔과 색상을 떠올릴 때는 등에 바람이 일 듯 시원한 느낌이 느껴졌고 그 느낌이 어깨와 팔에 느껴지는 듯해서 가벼웠습니다. 차명상의 느낌이 온몸을 감싸고 편안함을 가져왔습니다.

🍃 쉽고 간편한 명상법

노정월

황금색차 : 마음이 편안하지만 약간 급하고 산만한 것을 알아차렸다. 누가 문을 벌컥 열까 봐 마음이 조급하다.

흰색차 : 건너편 연구실에 계시는 스님을 공경하는 마음이 생긴다. 스님께 감사하는 마음도 든다. 등 쪽에서 끈적끈적한 진액이 흘러나온다.

붉은색차 : 오른쪽 어깨에 통증이 느껴진다. 순간 자비손이 나와서 통증을 쓰다듬고 등을 쓰다듬는데 몸이 사라진다. 마음은 매우 편안한데, 몸 안이 비어 있다(혹은 투명하다?). 몸 안에 군데군데 장기가 보이는데 왼쪽 가슴에 심장이 보인다.

녹색차 : 몸에서 잎줄기? 끈? 같은 것이 돋아 나와서 주변의 물체들과 연결된다. 줄기는 좀 두껍다.

파랑색차 : 기쁜 마음이 든다. 호흡을 하는 것이 느껴지는데, 돌아가신 할머니 품에 안긴 것처럼 매우 편안하다.

오색차 명상을 끝내고 눈을 떴는데 왼쪽 가슴이 살짝 아프다. 이내 괜찮아진다. 마음이 고요해졌다. 매일 아침에 10분씩 하면 하루가 고요해질 것 같다. 아침부터 피곤해서 짜증이 났는데, 스트레스가 확 줄어들었다.

오색차 명상을 순서대로 한다는 것을 몰랐는데 차츰 순서대로 하니까 효과가 다르다.

[소감]

오색차 명상은 신기한 점이 색상별 특징이 매우 뚜렷하게 구별됩니다. 물론 자비수관慈悲手觀할 때도 사용하는 방편의 종류에 따라 그 현상이 달랐지만, 오색차 명상의 경우 좀 더 명확하게 다른 듯합니다.

예를 들어서, 붉은색차를 마실 때는 기운이 차오르다가도 파랑색차를 마실 때는 아예 다른 현상인 과거의 영상이 생깁니다. 예를 들어, 첫 번째 색상의 물을 마시고 A라는 현상이 일어난 후, 두 번째 색상의 차를 마시면 B현상이 일어나서 과거의 A가 어떤 현상이었는지 잊어버리기도 합니다.

제 경우는 확실히 색상마다 현상이 달랐습니다. 그래서 현재 색상의 현상에 집중하면 과거의 색상에서 일어났던 현상을 잊어버리기도 했습니다. 반대로 과거의 현상을 기억하려고 하면, 현재의 현상에 집중하기 어렵기도 했고요. 그래서 현상을 잊어버리지 않고 기억하고 현재에 집중하려면, 색상이 바뀌는 사이사이 잠시 눈을 떠서 기록해야 할지도 모르겠습니다.

나타난 현상 중 특히 파랑색차를 마셨을 때 매우 신기했던 것은 마시자마자 갑자기 눈앞에 학창시절 단짝의 옆모습이 나타나는 것이었습니다. 나중에 스님께서 파란 물은 과거의 영상이 떠오른다고 하셔서 깜짝 놀랐습니다.

다섯 색상별 공통점은 단침이 생긴다는 것, 그리고 갈수록 뒤의 색상을 떠올리기가 쉬워진다는 것을 알아차렸습니다. 혹시 오색차 명상으로 생긴 집중력 덕분일까요? 오색차 명상은 다른 명상법보다 좀 더 쉽고 간편한 것 같습니다.

얽히고 맺힌 심리를 풀다

1. 오색차 명상에서 황금색과 붉은색이 무척 명료하고 밝았다. 연민심에서는 미운사람으로 남편을 초대했다. 그동안 너무 미워해서 미안하다고, 그래서 그렇게 아팠던 것이야 너무 미안하다고 정성들여 차를 따라 대접했다. 이곳 외로운 호주에서도 행복한 마음으로 생활할 수 있도록 기원했다. 나의 남편도 외롭게 살아가고 있는 거야. 그래서 슬픈 거야. 그가 행복한 마음이 되기를 기원하며….

친정아버지를 초대했다. 지극한 마음으로 차를 대접했다. 올 해 연초에 잠시 정신을 잃어 병원에 가셨다 한다. 그 때 엄마에게 "내 집사람은 따로 있는데 지금 오라 한다"고 하셨다 한다. 엄마는 그것이 마음 아팠는지 나에게 이야기 하신다. 아버지께서도 엄마가 그리웠던 거야.

아버지는 치매의 문턱에 들어서시면서 그 감정을 엄마에게 들키시고 엄마는 그것이 측은하시면서도 서운했고 모두 외롭고 쓸쓸해서 불쌍해진 인간들의 감정을 서로 바라만 볼 뿐 어찌할 줄을 모르는 거지. 행복감을 선물로 포장하여 안겨줄 수도 없는 것이고, 엄마 힘들지만 꿋꿋하게 말씀해주셔서 감사합니다. 환한 미소로 차를 드신다. "그냥 하는 이야기다."라며 차를 마시며 황금색으로 물들이신다.

2. 오색차 명상을 하였다. 색감이 예쁘다. 차가 물줄기를 타고 내려갈 때 무언가 느리게 느리게 내려감을 느낀다. 조급함이 없어진 것 같다. 어느 맑은 오후 햇살처럼 나른하게 느껴진다. 사랑하는 나의 모든 이들을 초대한다. 나의 아들 현욱, 민욱, 나의 동생들, 엄마, 아빠, 조카들, 나를 알고 있는 모든 보살님들. 미운 사람보다 좋은 사람이 더욱 더욱 많다. 그러나 이 분별함이 없어야 하지 않을까? 갑자기 깜깜한 밤하늘이 되더니 많은 사람들이 점차 나타난다. 환한 하늘에 가득가득 낯모르는 길 가던 사람도 나타난다. 모두모두 행복하소서. 모두 다 사랑하게 하소서. 미워하는 앙금을 갖지 않게 하소서. 모이는 얼굴마다 차대접을 한다. 환하게 웃으며 되돌아간다.

나를 초대하여 무상으로 풀다

보리심

오색차 명상을 마치고 그 마음 그대로 자비공양 다선을 하였다. 차방을 연상하여 오색찻잔을 가지런히 놓은 다음 나를 초대하였다. 번뇌와 망상, 이기적인 마음, 화내는 마음, 여러 가지 해롭고 어리석은 마음들을 뿌리까지 없앨 순 없을까? 라는 궁금증이 가끔 일어났다. 초대 받은 나에게 오색차의 심리적 치유로써 모든 고통에서 오는 번뇌에서 벗어날 수 있다는 긍정적인 마음과 궁극에는 깨달음을 이룰 수 있다는 따뜻한 부드러운 마음을 보냈다. 각각의 나에게 의식이 갔을 때 초대받은 나와 초대한 나의 마음이 두 가지로 느껴진다.

찻잔에 찻물을 우려 순서대로 따르며 노랑색 찻잔을 들어 사랑과 연민의 마음을 담아 정성껏 올리며 노랑색차는 자존심에서 받은 상처가 치유될 것이며 무아의 마음을 체득하여 모든 고통에서 벗어나기를 축원하였다. 찻잔을 받은 나는 너무나 감사한 마음으로 온 몸 구석구석 스며 드는 노랑색 찻물로 인해 그에 따른 모든 상처가 치유되며 과거에 저장된 정보까지 치유된다는 100%의 믿음과 함께 온화하고 평온한 마음이 유지되었다. 특히 파랑색차는 과거의 트라우마와 내면에 저장된 상처를 잊게 해준다는 생각이 올라오며 마음은 더할 수 없이 가볍고 평온하다. 찻물을 기운으로 느껴지니 몸은 바로 사라지고 이대로 가면 자비로운 마음으로 인해 선정에 들 것 같았다.

🍃 진실의 길을 찾게 되다

삼매경

각각의 오색이 주는 심리치료를 숙지한 다음 오색차를 집중해서 마시고 온 몸에 구석구석 퍼지는 명상만으로도 몸과 마음에 많은 영향을 주는 것 같다. 집중이 잘 될수록 효과가 컸으며 실제 마음 부분도 일어나는 생각의 의도가 단순해짐이 보여진다. 예를 들어 일으킨 마음의 의도가 알아차림의 연속적인 연습으로 인해 보여졌을 때 오색차의 무의식 전화는 그 의도를 맑게[바르게] 정화 시켜 주는 것 같다. 요 며칠 과거의 있었던 일들이 꿈으로 나타난다.

따뜻한 방에 화로에는 황금색 주전자가 김이 모락모락 나고 금박무늬가 있는 황금색 찻잔의 안쪽에는 흰색 빛이 나는 것이 참 눈부시다. 김이 모락모락 나는 주전자를 들고 찻잔에 국화색 찻물을 따른다. 따뜻함을 느끼며 한 모금 두 모금 마신다. 혀 밑에 침샘을 자극하며 단맛이 난다. 한잔 더 마시고 싶어 또 따라 마셔 본다. 맑은 차 맛이 난다.

두 번째 흰색 찻잔, 붉은색 찻잔, 찬란한 찻잔과 혀 밑을 자극하는 차 맛이 난다. 일어나고 사라지는 생각이 나의 몸을 이렇게 반응하는데 우리는 생각의 노예로 사는 것이다. 녹색 찻잔을 생각한다. 찻잔이 만들어지지 않는다. 색상만 느껴지고 찻잔이 없다. 일단 물을 따른다. 희미하게 찻잔 형태가 생긴다. 차를 따라 마시고 바로 파랑색 찻잔으로 마음이 달려간다.

평범한 도자기에 차를 따라 마시고 녹색차, 붉은색차 순서로 차를 따라 마신다. 속도가 점점 빨라지는 것을 느끼면서 내가 살아 온 시간들처럼 빠르게 변해가며 싫어하는 마음처럼 그러면서 내 생각이 완벽하다고 생각하면서 이제는 변해야 하지 않을까?

황금색 찻잔에 따뜻한 차를 따른다. 온몸에 퍼지며 한잔 더 마시고 싶은 생각에 다시 한잔 따라 마신다. 왼쪽 머리와 어깨 발바닥이 따끔거리다 없어지더니 가슴에 미세한 통증이 왔다가 사라진다. 파랑색차를 마시고 있다가 문득 생각이 난다. 여지껏 긍정적이고 열심히 아름답게 생각하고 살아온 50년 생이 무의미하고 허무했구나. 일간의 마음고생으로 많은 생각들이 떠오른다. 내가 옳다고 주장한 것들은 무상인 것을…. 매순간 변하는 것, 고정된 것이 없는데 무상, 고 글자가 자꾸 생각이 난다. 지금이라도 진실한 길을 찾게 되어서 고마운 마음이 든다. 나를 위해 하얀 찻잔에 따스한 차 한잔을 마신다. 나에게 명상의 시간을 갖게 해주어 고맙다.

🌿 내 마음을 치료하다

김진희

황금색차 : 목 바로 아래에서 통증이 생겼다. 그 통증과 함께 슬픈 느낌이 일어났다 사라지며 어릴 적 해질 무렵 마루 끝에 홀로 앉아 감나무를 바라보며 어머니를 기다리는 모습이 떠올랐다. 이 영상과 느낌은 종종 나타나는 것이다. 눈물이 나는 것을 바라

보며 이 영상은 내 마음이 지어낸 것이고 변해갈 것이고 실체가 없는 것으로 생각하였다. 통증이 서서히 엷어지며 사라진다. 상체에 열기가 느껴지면서 가볍고도 환해진다.

흰색차 : 차를 넘기며 분노를 다스리지 못했던 지난 세월이 떠오르자 가슴 부위에 찬 냉기가 생기고, 한쪽의 냉한 기운이 양쪽으로 번져 계속 된다. 불교박람회 때 열성적으로 봉사하던 도반의 모습이 떠오르며 따뜻한 기운으로 돌아왔다. 차를 마실 때 어떤 마음을 갖느냐에 따라 몸의 반응이 달라진다는 생각이 일어남을 알아차렸다. 보라색 노란색 빛이 함께 눈앞에 나타났다 사라진다.

붉은색차 : 찻잔을 바라보기만 해도 배 아래쪽에서 따뜻한 기운이 원기둥 모양으로 천천히 위로 올라간다. 차를 마시자 온몸의 열기가 느껴진다. 등 뒤로 기운이 목뼈까지 힘차게 올라 등판이 커지면서 기운으로 몸이 꽉 찬다. 몸이 떠오르는 듯 가볍다.

녹색차 : 차를 마시자 오른쪽 손가락과 발가락에 통증이 스친다. 목 아래 기운이 머리 위로 올라가며 머리가 환해지면서 투명해짐을 느끼고 온몸에 열기가 생긴다.

파랑색차 : 목 아래에서 기운이 올라가 양미간 사이에 시선과 함께 모아진다. 목 뒤에 강한 기운이 샘물 솟듯 일어나 머리 위로 차오르듯 올라간다. 몸에 열기가 퍼지고 목 뒤에서 매미가 허물을 벗듯 몸이 부풀어 올라 풍선처럼 떠오르며 몸의 무게감을 느낄 수 없을 만큼 가벼워졌다.

이총희

오색의 심리와 몸의 반응

　황금색차가 가장 연상이 잘 되고 맑고 빛나서 마시고 싶은 생각이 절로 일어난다. 황금색차를 보기만 해도 몸이 바르게 펴지고 따뜻함이 발끝까지 미친다.

　흰색차는 다른 차에 비해 연상이 잘 안된다. 흰색차를 우유에 물을 탄 후 따뜻하게 끓여서 사막의 나그네에게 공양 올린다고 생각하니 상상이 잘된다. 흰색차를 마실 때 뒷목에서 찬 기운이 나오고 어깨의 근육이 이완되어 시원하다.

　붉은색차는 보기만 해도 기쁨이 생기고 머리 쪽으로 기운이 몰려 있으며 특히 양귀가 따뜻해진다.

　녹색차를 마실 때는 몸의 기운이 왕성하게 일어난다. 오므리고 있었던 왼손이 스르르 펴진다. 팽창하더니 뻗어나가는 기운이 느껴진다.

　파랑색차는 팽창하고 뻗어나가는 기운이 느껴진다.

　몸의 형체가 없어서 차가 입에서 목으로 넘어가는 상상이 안되고, 차색을 떠올리기만 해도 색에서 나오는 기운을 빨아들여 몸이 반응한다. 오색차 명상을 하고 난 후에는 소변양이 물을 마신 것처럼 많아졌다.

오색의 체험과 텅 빔을 자각하다

선경화

황금색차 : 페인트처럼 끈적끈적한 노란색이다. 몸 전체가 열이 나면서 오른쪽 귀가 멍하고 몸이 팽창하는 느낌이 든다. 처음에 왼쪽 다리부터 시작하여 양쪽 다리와 양쪽 손에 전기가 흐르는 느낌을 알아차렸다. 단침이 많이 생기고 목구멍 밑으로는 텅 비어 있다.

흰색차 : 맑은 물이 목으로 폭포수 물 내려가듯이 끝도 없이 계속 내려간다. 몸속은 텅 비어 있고 왼쪽 손에 통증이 오면서 무거운 느낌이 든다. 왼쪽 턱에 약간의 통증이 오고 몸이 팽창하는 느낌이 들고 마음이 고요하고 편안하다.

붉은색차 : 몸에 전기가 흐르는 것 같고 단침이 많이 생기고 나른해지면서 혼침이 온다.

녹색차 : 찻잔을 입에 대는 순간 몸 전체가 부풀어 오르는 느낌이 든다. 몸 구석구석까지 전기가 흐르는 느낌이 든다. 몸이 텅 비어 있다.

파랑색차 : 물이 아주 매끈하면서 진한 색인데 목으로 술술 넘어간다. 마음이 편안한 상태에서 계속 지켜보고 있으니 몸이 사라지고 감각만 남아 있다. 몸이 팽창하는 느낌이 들면서 열이 남을 알아차렸다.

찾아보기

무아 50, 68
문사수 177
물빛 95, 117
미각 109, 127

ㅂ

번뇌 103, 121
법 64, 97
법계연기 74, 75
법계체성지 190, 196
본각 163, 164
부분 35, 232
불변 74
불성 74
불이 50, 195
비움 93, 94

ㅅ

사고 110, 123
사마타 53, 65
사물 110, 143
사유 82, 88
사유명상 205, 232

삼매 45, 128
삼법인 164, 166
삼학 9, 43
상견 87
상즉상입 94
상행풍 183, 214
상호소통 113
색계 238, 240
색소세포 144, 146
색채심리 139, 144
색향미다선 36
생각 111, 126
생명 168, 169
생명에너지 170, 173
선정 196, 201
성냄 166, 179
성소작지 199
소리 154, 178
소멸 123, 164
소유 110, 209
속박 102, 139
수류화개 85, 102
수연 74

수용 195, 239
수행 26, 35
시각 161
실상진여 240, 241
실재 30, 68
심광명 161

ㅇ

아뢰야식 152, 158
아비달마 220, 222
알아차림 229, 231
언어문자 70, 239
연기 43, 75
연기공 111, 209
연기실상 50
오색차 다선 36
움직임 220, 229
위빠사나 25, 36
유연 85
유전물질 222, 225
유전암호 145, 148
유전자 148, 223
의례 83, 85

이중구조 174, 176
인연 235, 245
일미다선 36
입모태경 158, 165

ㅈ

자비 44, 55
자비다선 43, 44
자연계 89, 240
전체 235, 258
전환 56, 216
정화 190, 226
제일의공 74
조건 149, 177, 207
조작 113, 122
존재 53, 110
좌선 35, 155
주의집중 83, 93
죽비 57, 95, 239
중생 44, 73, 75
중지 82, 90
지관쌍수 238
지혜 238, 242

차와 명상
① 오색차 명상

1판 1쇄 인쇄 | 2014년 4월 10일
1판 1쇄 발행 | 2014년 4월 18일

지은이 | 원 허

펴낸이 | 서화교
펴낸곳 | 연꽃호수
만든이 | 이미현

경상북도 성주군 수륜면 계정리 1414-1번지
대표전화 | (054) 931-8874
팩 스 | (054) 933- 8871
이메일 | jabisugwan@naver.com
홈페이지 | www.jabisugwan.org

등록 | 2008년 3월 24일 제 2008-1호